Thomas Hettich

Das Buch

Das Superzeichen der Stadt Villingen ist ein schiefwinkliges Kreuz. Der Urgund dieser Stadt beruht auf christlichen und musikalischen Zahlen die in der Schiefwinkligkeit gründen. Die Lösung dieses Ansatzes führt zu einer mittelalterlichen Idealstadt. Die Beweise, also auch die städtebaulichen Details nebst den zugehörigen Zahlen, werden in dem Buch (den Büchern) als begründete Theorie vorgestellt. Die Bedeutung der christlichen und musikalischen Zahlen gehen auf Pythagoras und die Bibel zurück. Die Stadtaufsicht ist eine einmalige 1000-jährige Kennung dieser bedeutenden Stadt.

Der Autor:

Thomas Hettich, geboren und Schulausbildung in Villingen und Furtwangen. Studium der Architektur und des Städtebaus in Konstanz. Beamtenausbildung (Hoch- und Städtebau) in der „Staatlichen Hochbauverwaltung", jetzt „Vermögen und Bau" in Rottweil. Zahlreiche Wettbewerbsteilnahmen mit internationalem Rang und Planertrainigs in Karlsruhe. Einstieg in die forschende und wissenschaftliche Tätigkeit durch die Verbindung zwischen Architektur, Stadt und Musik. Auseinandersetzung mit der Musikstruktur vorwiegend des Jazz. Veröffentlichungen zur Stadt Villingen im Vergleich zwischen zwei grundlegenden Geometrien zur Beweisbarkeit der geistigen Setzung von Villingen. Veröffentlichungen zur Natur vorwiegend zur Frage was vor dem Urknall war und zu einer Konstanten, die die dunkle Materie generiert. Grundlegende Überlegungen zur Raumstruktur anhand des Teilchens Proton und die Implementierung der Planckzahl in die naturwissenschaftliche Diskussion.

Thomas Hettich
Jahrgang 1956, geboren in Villingen
• Dipl. Ing. (FH) Architektur
• Vertiefung Stadtbau
• Angestellter Architekt
• Verbeamteter Architekt (Städtebau)
• Zwei eigene Wettbewerbspreise
• Ablehnung als Stadtbildpfleger
• Als Bauleiter eingesetzt bis 2020

Thomas Hettich

Die Theorie zur Idealstadt Villingen

Eine Beweisführung

1. Auflage (v2)
© Thomas Hettich (2022)
ISBN 9783755795735
Produktion: Hanno Schreiber, MacSchreiber – Villingen, kontakt@macschreiber.de
Herstellung und Verlag: BoD – Books on Demand, Norderstedt.
Umschlagbilder: Thomas Hettich
Bibliografische Informationen der Deutschen Nationalbibliothek.
Die Deutsche Nationalbibliothek verzeichnet diese Publikation in der Deutschen
Nationalbibliografie; detaillierte bibliografische Daten sind im Internet über
http://dnb.d-nb.de abrufbar.

Bedeutende Zahlen im Universum

Alles entspringt der Zahl

Pythagoras
$2/3 = 0,666 =$ Quinte
$3/4 = 0,75 =$ Quarte
$4/5 = 0,8 =$ reine Terz
$1/2 = 2/3$ x $3/4 =$ Oktave

In Villingen
Quinte = Verhältnis der Schiefwinkligkeit
Quarte = Verhältnisse der Hauptstraßen
reine Terz = Verhältnis der Stadt- Viertelzahl
Oktave = abgeleitet aus Strassenlängen und Schiefwinkligkeit

Im Universum
Anzahl der Protonenvolumen $V = 10^{-45}\,m^3$

$$Z = 10^{117} = \frac{hc}{y\,m^2}_{-66}$$

GRUNDLAGE

EINLEITUNG

HAUPTTEIL

Grundlage

Ideal

Was ist ein Ideal? Es gibt ein Frauenideal das bis heute noch anhält. Marilyn Monroe! Heute ist es eher Angelina Jolie, vielleicht Madonna und andere. Vor rund 300 Jahren galt ein anderes stärkeres Frauenideal. Die Vielfalt der Ideale nehmen von Jahr zu Jahr zu und sind damit immer schwieriger zu klassifizieren, da die Stile durch das Individuelle abgelöst werden. Die Ideale des Bauens beginnen in der ägyptischen baulichen Aussage der Pyramiden, die für einen gottgleichen Herrscher gebaut wurden. Dieses Prinzip, dass der Herrscher, der Mächtige, sich ein Monument erschaffen lässt, findet man auch heute in den kleinsten sozialen Bebauungen wie zum Beispiel in einem Dorf (VS-Weigheim, VS-Weilersbach) als Gemeindehalle. Die Monumente des Bauens und deren Ideale wurden im zeitlichen Ablauf vor allen Dingen in den verschiedenen kirchlichen Ausprägungen als Versammlungsstätte der Gläubigen gebaut. Das Merkwürdige dabei ist, dass sich über die Jahre, Jahrzehnte und Jahrhunderte sich verschiedene „Stile" , also verschiedene „Ideale" des Bauens manifestierten. Waren die ersten Kirchen Einraumkirchen, so führte dies über die Zeit zu gewaltigen Gebäuden wie den Peters- oder den Kölner Dom. Kirchen gibt es als „Ideal" in fast jedem Dorf zur religiösen Andacht und Versammlung. In Städten versammeln sich die Mitbürger in der Regel um den Lebensunterhalt zu sichern. Rund 95 Prozent der Menschen siedeln in gewachsenen Stadtstrukturen, mehr als vier Prozent in städtebaulich geplanten Stadtstrukturen und weniger als ein Promille in idealen Stadtstrukturen, wobei die Mischformen in den einzelnen Strukturen gegenseitig vorkommen. Die Idealstadt Karlsruhe und die Planstädte Freudenstadt, Palmenova u.a. basieren auf geometrischen Formen, wie dem Kreis, das Quadrat, oder einem definierten Raster. Das Einmalige an der Villinger Kern- bzw. Idealstadt Villingen ist aber, dass die ablesbare Geometrie das Übergeordnete wie die Bedeutungen des Christentums oder der Musik sichtbar macht und hervorhebt. Damit steht Villingen als Idealstadt weit über den Idealstädten der Renaissance, da ihr Deutungsgehalt größer, sie aber auch Jahrhunderte älter ist.

Villingen hat damit zwei andere Ideale. Das sind einerseits die christlichen und die musikalischen Zahlen. Musikalische Zahlverhältnisse wurden auch in Tempeln der Antike nachgewiesen wie zum Beispiel in der Akropolis oder dem Paestum Tempel. Christliche Winkelzahlen sind bisher in einer Stadt noch nicht nachgewiesen. Ebenso sind die musikalischen

Zahlverhältnisse noch nicht in anderen Städten nachgewiesen worden, bis jetzt auf Villingen. Villingen ist damit weltweit die einzige Stadt, in der christliche und musikalische Zahlverhältnisse nachgewiesen wurden, neben seiner dadurch sich ergebenden Baukunst. Dies erhebt Villingen zu dem beeindruckendsten und einmaligsten kulturellem Bauerbe, welches unter dem Schutz des Weltkulturerbe unterliegen sollte. Bis dorthin sollte jeder der in dieser Stadt bauen will, die Rekonstruktion als oberste Maxime für sein bauliches Handeln annehmen. Der Einstieg für die Bedeutung der Idealen Stadt findet sich auf der Rückseite des Buches.

Die Stadt ist in der ottonischen Zeit als Idealstadt als Ganzes angelegt worden. Bis rund 1806 hatte sie die Merkmale einer mittelalterlichen Stadt. Seit 220 Jahren wird diese Stadt deformiert und abgebrochen. Sie wird schleichend zerstört, vor allen Dingen und vermehrt in den letzten 50 Jahren, weil man ihr Wesen nicht erkennt und nie richtig erkannt hat. Wenn dieses Wesen, dieses Sein, dieses Ideal dieser Stadt von den sogenannten Entscheidungsträger – und zwar in allen Ebenen – einmal erkannt werden sollte, dann gilt es vermehrt darauf zu achten, dass das Neue, die neuen Gebäuden den alten Gebäude in Form und Struktur rekonstruiert entsprechen.

Ist dies sichergestellt, dann muss sich das Neue dem Alten in allen Details unterordnen und der Weg zum Weltkulturerbe ist offen.

Ein Wiederaufbau der Stadt Villingen entsprechend dem Anlagen- und Gebäudebestand zum Jahr 1806 würde einer Investition von rund 350-400 Mio Euro entsprechen. Es ist natürlich klar und offensichtlich, dass Villingen dies niemals allein aufbringen kann. Werden alle die Beweise im vorgestellten Buch „Die Theorie zur Idealstadt Villingen" von den Vertretern der Stadtbaukunst, des Christentums, der Musik und des Denkmals, aber auch der Politik überzeugt und akzeptiert und von der oberen Ebene weitertransformiert, dann ist diese Summe durch die Stadt, den Kreis, das Land, den Bund und Europa, ja auch durch die Welt aufzubringen. Mein Wahlspruch der letzten 20 Jahre lautete für die Idealstadt Villingen „Tu was Du kannst, mit dem was Du hast, wo immer Du bist". Wenn die Stadt als Ganzes diesen Spruch für sich verinnerlicht, dann ist es nicht unmöglich die Idealstadt Villingen als Ganzes wieder erstehen zu lassen. Dafür dienen verlässliche Informationen, die Ihnen mit diesem Buch vorliegen. Allerdings bin ich auch Realist. 1972 besaß Villingen-Schwenningen eine ebenfalls einmalige „ideale" Chance. Doch bis die Interessen untereinander verteilt waren, gab es keine Grundlage mehr für die gemeinsame Stadt. Was übrig blieb war die Schilterhäusle-Bebauung, welche nicht einmal den Gesetzmäßigkeiten einer gewachsenen Stadt entsprach und entspricht. Sollte ein solcher Vorgang auch mit der Idealstadt Villingen passieren gibt es kein Ideal mehr. Dieses Risiko muss man auf sich nehmen, wenn man auch zusätzlich eine solche Realität sehen kann. Im Vertrauen, dass das Gute, die Schönheit, die in ihr liegende Musik, die religiösen Zusammenhänge dieser Stadt noch teilweise vorhanden sind, aber wieder als Ganzes aufgebaut werden sollten, sollten alle Bürger einen Wiederaufbau fordern. Die Beweisführung findet man in dem Buch „Die Theorie zur Idealstadt Villingen". Diese Theorie hat nichts mit einer Stammtischtheorie zu tun, sondern gilt als schlüssiges Konstrukt solange sie nicht eindeutig als Ganzes wiederlegt wird.

Allgemeine Stadtformen und -strukturen

Die Frage warum die Menschen nicht gleichmäßig verteilt in ihren Ländern wohnen ist eigentlich lapidar. Es gibt sehr viele Gründe warum dies nicht geschieht. Sie suchen Schutz, Zusammenhalt, Nahrung, Soziales, Kultur, Religion, Musik und vieles mehr, was nur in einer sozialen Dichte möglich ist. In welchen Formen von Städten geschieht dies jedoch am besten und gibt es dafür einen Grund? Eine Stadt ist ähnlich einem Higgs Teilchen, welches anderen Teilchen seine Masse gibt. Die Struktur dieser Städte ist offensichtlich vielfältig. Man kann sie aber rationell in 4 Gruppen einteilen: Die gewachsene Stadt, die Planstadt, die Idealstadt und die Mischformen. Rund 95 % der europäischen Städte sind gewachsene Städte.

Eine gewachsene Stadt zeichnet sich wie ihr Namen sagt als Wachstumsprozess aus, der dann in der Struktur sichtbar wird. Die Struktur des Wachstumsprozess eines Baumes ist vergleichbar einer gewachsenen Stadt. Die in Jahrmillionen gefundenen Wachstumsstrukturen von Pflanzen (Farne, Baum etc.) konnten in der Chaostheorie spezifiziert werden z.B. mit einem Newtonfraktal oder einer Bifurkation. Diese mathematisch definierten Strukturen findet man als Erkennungsmerkmal in der gewachsenen Stadt. Das Eigenartigste daran ist, dass in einem temporären Prozess diese Strukturen angeblich unbewusst gebaut werden, denn die gewachsene Stadt wird Zug um Zug der einzelnen Häuser durch die Eigentümer und deren Baumeister und Architekten realisiert.

Bei der Planstadt unterliegt die Stadtstruktur einem Plan der meist von einem Städtebauer bzw. Architekten realisiert wurde. Heute werden nur noch in China einige wenige Planstädte implementiert. Wie bei ei-

Schwenningen 1792 (Gewachsen)

nem Haus ein Plan zugrunde liegen sollte, so liegt auch einer Planstadt ein Plan zugrunde. Die meisten Planstädte wurden in der Renaissance realisiert (Mannheim, Freudenstadt etc.) und folgen geometrischen Formen (Quadrat, orthogonale Strukturen).

Die Idealstadt ist eine besondere Form der Planstadt und geht in ihrem vorhandenen Kontext der gefundenen und den vorhandenen Strukturen über die Planstadt hinaus. Die Karlsruher Stadt als Idealstadt hat zwei bedeutende Elemente. Einerseits die ansprechende Geometrie, mit Kreis und Fächer und – was wohl bedeutender ist – der Herrschaftssitz des Königs als übergeordneter absoluten Machtanspruch im geometrischen Mittelpunkt der gesamten Stadtanlage von Karlsruhe.

Villingen ist eine Idealstadt des Mittelalters und zwar um das Jahr 1000 geplant und gebaut.

Die Elemente bestehen aus:

- Schiefwinkliges Kreuz mit einem definierten Winkel
- Schiefwinkliges Straßensystem
- Orthogonales Straßensystem
- Eine hohe Umfassungsmauer
- Eine niedere Umfassungsmauer bis 1806
- 2 Wassergräben bis Mitte des 19. Jahrhunderts
- 3 Tortürme
- 1 Torturm abgebrochen 1848
- 4 Hierarchien ablesbar in den Straßenbreiten und Gebäudehöhen
- Bachsystem zur Versorgung der Handwerkszünfte (Färber, Gerber etc.)

Gebäudeelemente:

- Traufstellung
- Satteldach
- Dacheinbauten
- Lochfassade
- Sockelausbildung
- Fassade als Ganzes (kein Bruch im EG)

Diese genannten Elemente definieren eine Planstadt. Was zur Idealstadt führt, finden Sie in den nachfolgenden Seiten. Der Einstieg zur Idealstadt führt über den Winkel des Münsterviertel.

Villingen 1692 (Ideal)

Die grundlegende Differenz der gewachsenen und der Idealstadt, finden Sie in den zwei jahrhunderte alten Plänen. Schwenningen gewachsenen und Villingen mit den idealen Eigenheiten einer Stadt. Diese Stadtformen führen zu den vier bedeutenden Stadtformen die eingangs beschrieben wurden, als einmaliges mögliches weltweites Erkennungszeichen der Gesamtstadt Villingen-Schwenningen. Zuletzt gründet es in die verschiedene Denkart der beiden Bevölkerungsschichten, was man in der Stadtstruktur ablesen kann.

Vorab

Nach 20 Jahren der Auseinandersetzung und Forschung zur Stadt Villingen wurde die Beweisführung zur Idealstadt Villingen gefunden und abgeschlossen. Mit dem ersten Buch zur Idealstadt konnte unmissverständlich und eindeutig dargelegt werden, dass Villingen keine gewachsene Stadt sein konnte, wie es Jenisch, also die staatliche Denkmalbehörde, also der Staat, vermutete. 26 Orte aus dem Jahr 817 konnten geometrisch anhand von fraktalen Formen und Bifurkationen gegenüber einer Euklidischen analysiert werden. Die Wachstumsstadt generiert sich ebenso aus den verschiedenen Baumoden der zurückliegenden Jahre, Jahrzehnte und Jahrhunderte, aber insbesondere aus dem sich gebildeten Individualismus des 20. Jahrhunderts, denn dieser fand keine Rücksicht gegenüber der „historischen Stadt". Nur sehr wenige Architekten nehmen bzw. finden Beachtung zur Nachbarbebauung der historischen Stadt, was aber dringend notwendig wäre, zumindest in Villingen. Dieses Werk zeigt auf, dass Villingen wohl die einmaligste Idealsstadt des Mittelalters weltweit darstellt. Die Beweisführung erfolgt mit christlichen und musikalischen Zahlen und deren Verhältnissen, angewandt um das Jahr 1000, die sich im Grundriss der Stadt Villingen offensichtlich und nachweislich finden und zeigen lassen. Aufgrund dieses Sachverhaltes ist es notwendig, die Stadt unter einen besonderen und einmaligen Schutz zu stellen, da die staatliche Gewalt diesen Schutz nicht bieten kann (siehe Müller Markt, Sparkasse u.v.a.). Die überzeugenste formal-strukturelle Ausbildung der Stadt Villingen ergibt sich aus dem Jahre 817. Der sich über einen untersuchten Entwicklungsprozess von 1200 Jahren mit dem Vergleich von 26 Orten (56 Orte, Strukturen aus 817, Oberzentrumstrukturen, Marktrechtsstädte, Zähringerstädte, Kreuzstädte, Planstädte, temporäre Abfolge von gewachsener und Idealstadt Villingen-Schwenningen) klar und eindeutig erkennbar ist, dass Villingen keine Wachstumsstadt sein kann, so wie es Bertram Jenisch vorgibt. Die Idealstadt wird in erster Linie anhand der Verhältnisse der vier Hauptstraßen als Grundmaß abgeleitet, die einmalige musikalische Quarten ergeben welche aus der 1000-jährigen Quartenharmonik ableitbar sind.

Um den Gedankeninhalt dieses kleinen aber bedeutenden Buches nachzuspüren, hinsichtlich der angegebenen und verwendeten Zahlen und deren christlichen und musikalischen Bedeutung der Idealstadt Villingen ist es wichtig, vor allen Dingen das Jahr 1000 nach Christus als Plan- und Setzungszeit vorauszusetzen und sich in dieses Jahr 1000 einzudenken. Diese Zeit war vor allen Dingen geprägt durch Kaiser Otto III und Papst Gerbert von Aurillac (Silvester II) der einer der bedeutendsten Intellektuellen der damaligen Zeit war.

Wer damals diese Stadt geplant und gebaut hat, unterliegt der Vermutung und ist ungewiss. Was jedoch eindeutig ablesbar ist, lässt sich auf der Buchrückseite als bis heute gültige Form ablesen und studieren. Ein schiefwinkliges Kreuz, dessen Straßenschenkel auf einem Winkelpaar von 72 Grad / 108 Grad stehen. Dies entspricht einem musikalischen Verhältnis von 0,66. Einer Quinte. Die Hauptstraßenlängen bilden als Verhältnis eine Quarte ($\approx$ 0,75) und damit eine einmalige Stadtstruktur.

Im Internet kann (Google-Maps) man Idelastädte (Karlsruhe), Planstädte (Mannheim) aufrufen, um festzustellen wie sich die Städte vom Ursprung zur Gegenwart negativ entwickelt haben in rund „300" gegenüber „1000" Jahren der Stadt Villingen. Die Villinger Bürger haben rund 800 Jahre auf ihre Stadt geachtet. Doch seit rund 60 Jahren wird sie deformiert unter Aufsicht der staatlichen Denkmalbehörde und schleichend mit zerstört. Zerstörung und Wiederaufbau gehört zum Naturell des Menschen. Wenn man etwas zerstört, sollte man aber wissen was man zerstört, denn wenn man das zu zerstörende Objekt näher untersucht, wäre es möglich, dass man etwas Einmaliges zerstört. Dies darzustellen dient das Konvolut der Bücher[1][2][3] und dieses Werk.

Die Vermutung für den Planungsprozess der Stadt liegt in der ottonischen Zeit mit Bertholdo als Impuls- und Ideengeber, denn die gesamte formale Stadtstruktur ist mit der Urkunde von 999 und den darin aufgeführten Rechten an Bertholdo zu sehen. Diese Rechte, also Markt-, Münz- und Zollrecht für den Ort Villingen, besitzen den ideen- und impulshaften Urgrund für die planerische Formulierung der Stadt Villingen im Brigachknie. Um aber die Bevölkerung der Alt-Stadt (Friedhof) zur bedeutenderen Neu-Stadt (Brigachknie) hinzuführen, waren übergeordnete Ziele neben den Bekannten[1][2][3] notwendig, die hier gezeigt werden. Die geplante und gebaute ideale Stadtstruktur aus dem Jahre 1000 ist heute noch vorhanden, wie man als Beobachtungseinstieg auf der Rückseite entnehmen kann.

Aus der Zeitschiene ist zu entnehmen,

817 n. Chr.	erste Nennung von Villingen (Filingus)
999 n. Chr.	Übertragung Markt-, Münz- und Zollrecht an Bertholdo
1030	Münzenfund
1051 n. Chr.	Fund eines Villinger Denare (Münze)

dass die Villinger Münze zwischen 999 und 1051 eingerichtet sein musste und die Stadt auch in diesem Zeitraum errichtet wurde, denn es ist auszuschließen, dass man diese 3 Rechte in der Altstadt implementiert hatte. Somit ist zu vermuten, dass Bertholdo selbst an der Planung und Ausführung der Stadt mit beteiligt war. Welche entscheidende Bedeutung hätte eine solche Erkenntnis? Was wissen wir heute von der athenischen Akropolis die man Perikles und Phidias zurechnen kann? Wer kennt die Architekten Herzog de Meuran, die, die Elbphilharmonie gebaut haben? Ist es notwendig die Erbauer des Kölner Dom oder der Pyramiden zu kennen? Was zählt ist das Werk als solches. Seine Identität. Um dies dem Leser zu ermöglichen wurde dieses Werk verfasst. Etwas ganz Einmaliges.

Wer allerdings die Dualität zwischen dem Planer und dem Werk bzw. Objekt voraussetzt kann die Zeitschiene zwischen dem Jahr 817 und Mitte des 11. Jahrhunderts studieren und zwar u.a. bei Gerd Althoff in seinem Buch, was er darin zu Bertholdo weiß und erforschte. Nur ein Mann mit übergeordneten menschlichen und fachlichen Qualitäten in beiden Richtungen war in der Lage eine Idealstadt zu bauen. Als Intellektueller wäre ihm in astronomischer und musikalischer Sicht Gerbert zu Hilfe gestanden. Auch darin ist die Möglichkeit des einmaligen Werkes von Villingen abzuleiten. Losgelöst von allen Personalfragen zählt das Werk, die Idealstadt.

Das bedeutendste Kulturdenkmal der Architekturgeschichte findet man in den Pyramiden in Ägypten. Zu diesen Objekten ist kein Architekt nachweisbar. Die Pyramiden wirken autark.

Somit ist es eigentlich unerheblich, ob wir für Villingen einen Bauherrn oder einen Planer finden, denn das Werk, die Stadt Villingen, wirkt autark, für sich allein, sogar nach 1000 Jahren. Vorteilhaft allerdings ist die Kenntnis von Planer und Werk und wirkt dann im doppeleten im deckungsgleichen Sinne. Damit wirkt Villingen und Bertholdo im genannten Sinne als Gründungsausgang. Für Bertholdo muss man allerdings nur eine gewisse Näherung in der aufgezeigten Zeitschiene ansetzen.

Es gibt sicherlich Leser, die unter einem Beweis, das mathematische oder das physikalische Beweisvorgehen voraussetzen. Diejenigen werden, wenn sie die musikalischen Gesetzmäßigkeiten kennen, überrascht sein mit welcher Genauigkeit der damalige Planer, Baumeister in Zusammenarbeit mit seinem Bauherr gearbeitet hat. Was vorliegt sind äußerst genaue Näherungen im Verhältniss der Strassenlängen zu Quartverhältnissen der Musik (Abb. 20) die zu einer einmaligen tonalen-geometrischen Stadtfigur führen und geschützt werden sollten. Auch in den Nebenstraßen sind solche ableitbar, werden jedoch nicht expliziz dargestellt. Dafür zeigen sie sich in den beiden Plänen im Anhang.

Der Plan (Abb. 20) von Vlingen ist zu vergleichen mit der Bedeutung der Pentatonik, der pythagoreischen Tonleiter, Dur- und Moll etc., der Chromatik seit 1642 durch Mersenne in der Musik. Ebenso in der Mathematik mit der Formel $a^2 + b^2 = c^2$, allerdings sind nicht alle damals gemachten menschlichen Dreiecke wirklich rechtwinklig. Sie genügen wie hier in Villingen einer sehr genauen Näherung zur theoretischen Definition von 3/4 Quarte und 2/3 Quinte.

Wenn sie glauben sie entdecken Wiederholungen, so müssen sie prüfen, ob diese Begriffe nicht in einem anderen Zusammenhang stehen. Sind es reine Wiederholungen, so dienen sie der Informationsdichte im Hinblick auf den Bedeutungsgehalt der Stadt Villingen.

Einleitung

Bevor der Leser in die temporäre Entwicklung zur Untersuchung der Stadt Villingen gelangt, ist folgendes wichtig. Die Stadt Villingen ist einmalig im Wettbewerb im Ranking der Städte, welche die eindrucksvollste ist, ob als Planstadt oder wie hier beschrieben als Idealstadt und ihrer darin liegenden, einmaligen Stadtstruktur. Die außergewöhnlichen städtischen und Einzelobjekte der Welt sind vorwiegend der Religion oder einem Herrscher, einem König oder Kaiser gewidmet. Dies beeindruckt das Volk. Villingen ist der Musik, der Religion und dem Volk selbst gewidmet und dafür gebaut.

Die wesentlichen Elemente sind die vier Hauptstraßen in ihren verschiedenen Längen die im Winkelpaar 72 / 108 Grad aufeinander stehen und musikalische Quarten und Quinten zu einander ergeben bzw. gebildet werden. Desweitern bildet das Münsterviertel den Fünften Teil eines Fünfecks, mit definierten Winkeln (5, 72, 13) innerhalb eines rechten Winkel. Die heutige Stadtfigur (Rückseite) zeigt noch anhand seiner aufgezeigten und bewiesenen Elemente, dass sie aufgrund eines idealen Planes damals entstanden sein muss im Fünftel- und im Viertelbezug eines Kreises. Die Beweiswürdigungen zu den einzelnen Elementen der Stadt finden sich in dem Konvolut der Bücher [1] [2] [3]. Sollten Leser verhalten an den Informationsgehalt dieses Büchleins herangehen, so ist es wichtig das Konvolut in seiner Entwicklung (Planstadt, Prof. Franz Pesch) zu studieren, denn in dem vorliegenden Text finden sich nur die Beweise die zu einer Idealstadt führen (Musik und Zahl). Bei jedem Zögern empfiehlt es sich das Jahr 1000 n. Christus in politischer, religiöser und künstlerischer Sicht sich vorzustellen. Die Musik war unter anderem geprägt durch die Quartenharmonik. Die christliche Religion auch durch christliche Zahlen. Wer gewohnt ist die Dinge abstrakt und einfach zu sehen, der sieht sich die Abbildung 20 an und wird nach einem Erkennen auch die weiteren Abbildungen als Variation bzw. Improvisation wahrnehmen können. Wenn nicht, hilft die Betrachtung der Rückseite als realistischer Ansatz zur Fortführung des Ganzen. Mit Pythagoras gesprochen erkennen wir das Nichts oder eben Alles (Teil und Ganzes). Jegliche Forschung gründet auf der Vielfalt die zur Einheit mit einem Beweis führt. Dieser Beweis liegt dem Leser hiermit zur Stadt Villingen vor.

Blume-Post

Es war in meiner Studienzeit, als die Diskussion über das Hotel Blume-Post in Villingen wieder aufflammte. Die Blume-Post wurde Ende der 60er Jahre des letzten Jahrhunderts abgebrochen und ergab erhebliche dauerhafte städtebauliche Wunden, deren Wirkung auch in der Villinger Stadtbevölkerung stark diskutiert wurde und sich widerspiegelten. Die Blume-Post war damals rund 80 Jahre alt und wurde ehemals auf sieben zusammengefassten Parzellengrundstücken erbaut, die der Parzellenstruktur der Gesamtstadt aber widersprachen. Die Stadt war rund 1000 Jahre alt die auf einer baulichen und kleinteiligen Parzellengrundordnung basierte. Die Frage war, warum ein rund 100-jähriges Gebäude eine solche emotionale Ausprägung mit zusammengefassten Parzellen in der Bevölkerung gegenüber der 1000-jährigen Stadt, mit einer stadtbildprägenden Parzellenstruktur auslöste. Innerhalb der Stadt gab es auch zukünftig und vergangenheitsbedingt zahlreiche zusammengefasste Gebäudeabbrüche die für die Stadt als solche negativ besetzt waren. Deren Parzellen zusammengefasst und als ein Grundstück wieder bebaut wurden und die aber von der Stadtbevölkerung hingenommen wurden. Dass die Blume-Post abgebrochen wurde ist aufgrund der Stadtgeometrie, der Parzellenstruktur hinnehmbar. Allerdings ist der Wiederaufbau, da er auf wieder zusammengefassten Grundstücken bzw. Parzellen (7/1) geschah, für die Villinger Bevölkerung nicht akzeptabel, da der Neubau (Kaufhaus Bilka) zur Blume-Post qualitativ nicht vergleichbar war und ist. Die Abwägung zwischen Stadtqualität, Blume-Post und Neubau (Bilka) war leider nur den Gremien vorbehalten.

Die Frage ob Villingen eine Planstadt, eine Idealstadt oder eine Wachstumsstadt ist galt es deshalb zu klären. In der fachlichen Diskussion war diese Frage nicht entschieden, da verschiedene Ansätze, obwohl Wachstumsstädte, mit ihren Fraktalprägungen, Bifurkationsstrukturen und euklidische Planstädte bedeutende Differenzen aufwiesen. In den stadtbaukünstlerischen Intentionen und Gegebenheiten, herrschte vorwiegend der Ansatz der Wachstumsstadt für Villingen bis in die höchste Stelle des Denkmalschutzes. Dem konnte ich nicht folgen.

Männer wie Sattler (1514), Hug (1513), Roder, Heyck, Hamm, Gruber, Noack oder Revellio und heutzutage Humpert waren, in ihren Aussagen, von einer Setzung, also einer einmaligen Planung der Stadt überzeugt, wobei aber vor allen Dingen Mekseper und Bertram Jenisch die Stadt als gewachsene Stadt sahen.

Die Beweisführung liegt in der Regel beim Ansatz. Wie sieht der Planer, Wissenschaftler, Forscher ein formales und stadtstrukturelles Problem? Klaus Humpert stand stellvertretend für seine Kollegen der planerischen Stadt. Jenisch für eine gewachsene Stadt. Meine Überzeugung liegt anhand einer Imagination, gemeinsam mit einer Intuition, durch Wissen, Können und Erfahrung bei einer Realität die einem unumstößlichen Baumeistergeist vor 1000 Jahren entspricht und die Stadt als Ideal mit Beweisen anzusehen ist.

Durch die jahrelange Forschung zur Stadt Villingen wurden Bücher [1] [2] [3] verfasst, die das zentrale Problem der Stadt Villingen aufzeigten (s. Blume-Post, Müller-Bau etc.).

Verkürzt zu den Büchern ist zu sagen, dass das Buch „Stadtkulturerbe Villingen", 26 Orte in 1200 Jahren verschiedene Stadtstrukturen in ihrer Entwicklung aufzeigt und eine Differenz zwischen Planstadt und gewachsener Stadt darstellt. Dieser Informationsgehalt dieses Buches [1] ist der stärkste Beweis für eine Planstadt Villingen, aber auch albeweist, da in einem Entwicklungsprozess von rund 1200 Jahren (Jahr 817 bis 2020) auf verschiedenen formalen und geometrischen Ausprägungen klar und objektiv sich 25 gewachsene Stadtstrukturen bildeten, gegenüber einer Planstadt, nämlich Villingen.

Weiter zeigt das Buch „Ästhetik der Kreuztürme", dass die Türme den Straßenräumen rechtwinklig zugeordnet sind und nicht der tangential angeordneten Stadtmauer. Die Ästhetik, die Stellung der Türme, zeigt

Abbildung 1: Blume-Post

damit eindeutig ein Beweis, dass die Türme und die Straßenräume eine Einheit bilden.

Das Buch „Idealstadt Villingen" fasst die damaligen Erkenntnisse zusammen, wobei das Ideal der Stadt in der Regel nur formal und planerisch gezeigt wurde.

Das vorliegende Buch fasst das bisherige Planer-Ideal mit zahlen-, christlichen und musikalischen Bezügen zusammen. Dabei sind die Hauptstraßenlängen, die Straßenwinkel und das Münsterviertel fundamental für das Stadt-Ideal.

Bevor die Beweise der Idealstadt aufgezeigt werden sind zwei Ansätze einerseits zur Planstadt (Humpert) und andererseits zur gewachsenen Stadt (Jenisch) und deren Fragwürdigkeit dargelegt.

Humpert[4]

Humpert baut seinen städtebaulichen Ansatz auf einem „Campus Initialis" auf, also ein Gebilde auf welchem die Stadt gründen soll. Ein Rechteck! Richtigerweise zeichnet er die Diagonalen ein. Allerdings liegt der Mittelpunkt des Rechteckes nicht in der Hauptstraßenkreuzung, in der Kirche des Münster, oder einem der Klöster, oder vielleicht in einer Motte, wie es Jenisch vermutet. Der von Humpert definierte Mittelpunkt ist zufällig, undefiniert und liegt in einem unwesentlichen Gebäudeblock des Rietviertel, seines Campus Initialis. Dies ist merkwürdig und nicht eingängig, denn alle Plan- und Ideal-

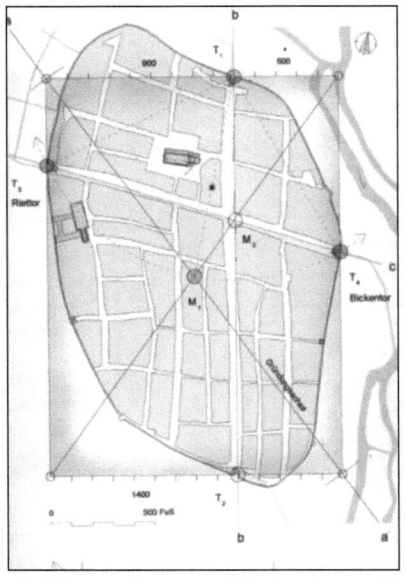

städte führen ihre zugehörige Geometrie auf einen zentralen geometrischen Punkt bzw. Ort in der Stadt hin, oder bilden selbst ein geometrisches Raster (Milet). Eine weitere und entscheidende Merkwürdigkeit zeigt die Länge der beiden Straßenzüge Bicken- und Rietstraße die mit neuesten Messmethoden eine Länge von 441,96 m aufweisen, allerdings gemessen „zwischen" den Tortürmen (langer Pfeil). Humpert ordnet seinen Campus Initialis zu den Eckpunkten

Abbildung 2: Stadtinitialis nach Humpert

25

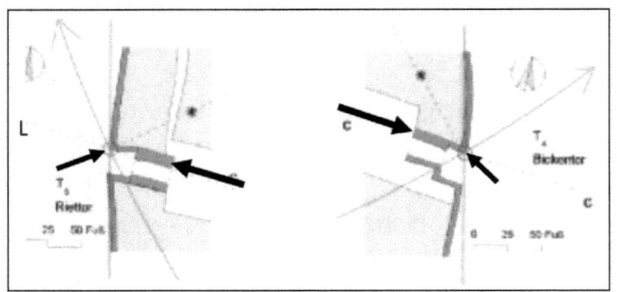

Abbildung 3 (Längenmessung nach Humpert kurzer Pfeil; Längenmessung nach Hettich langer Pfeil; Differenzen zur Gesamtlänge)

(kurzer Pfeil) der Stadtmauer hin. Die Differenz zur Innenseite des Torturmes beträgt 7m. Bei der Genauigkeit die Humpert in seinen Zeichnungen jedoch vorgibt, sind die Differenzen von 7 m eine zu große Größe, um die geometrische Vorgabe seines Ansatzes entsprechend akzeptieren zu können.

Jenisch[5]

Jenisch postuliert zwei Motten. Eine am Oberen Tor, die andere am Riettor die weitaus ausgeprägter ist und dient auch nach seiner Meinung als topographische Marke zur Stadtentwicklung. Eine städtebauliche Struktur ausgehend von der Motte ist nicht gegeben, wenn man die Struktur der gewachsenen Stadt kennt (Bifurkationen etc). Auffällig an der Motte am Riettor ist, dass sie nicht mehr „vollständig also ganz" vorhanden ist. Dies ist nur durch einen planerischen Höhenschnitt, im Verlauf des Mottenplateau (früheren Terrasse des Kaffee Torstüble) und der Grünanlage vor der Stadtmauer möglich, der die Höhendifferenz von ca. 6 m aufweist. Es stellt sich deshalb folgende Frage: Kann im Schwemmgebiet eines Flusses, der über millionenmale seinen Weg mäandermäßig gesucht hat, ein Hügel (Motte) entstehen, der eine – senkrechte – Wand besitzt, nämlich exakt die, wie sie der Verlauf der Stadtmauer zeigt und zwar von der Rietstraße zur Kanzleigasse. Im gesamten Schrifttum, wird auf diese Tatsache, diesen Sachverhalt, „nicht"

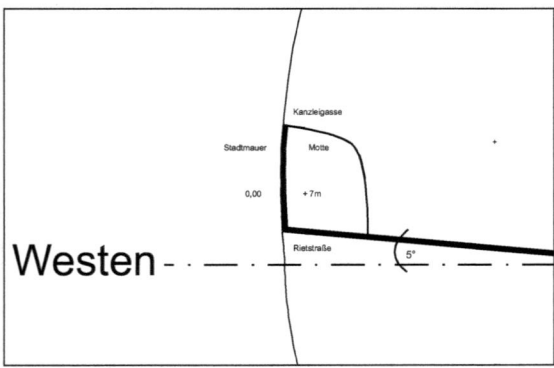

Abbildung 4: Motte Keferbergle; Höhendifferenz 6-7m

hingewiesen. Die Motte muss in ihrer ursprünglichen Form eine runde Erhebung mit entsprechenden Abplattungen gewesen sein. Der senkrechte Mottenverlauf entlang der Stadtmauer muss menschengemacht sein, was bedingt, dass rund 40000 m³ bewegt und abtransportiert worden sind. Dies ist bei einer gewachsenen Stadt nicht möglich, denn die gewachsene Stadt entwickelt sich auf einem sich bildenden Wegenetz, das jedoch Hindernissen, also der Motte „ausweicht". Jenisch schreibt auf Seite 190[5], dass die Stadt keinem Idealplan unterlag. Was aber dann? Dann wäre die Folgerung nach Jenisch nur die, dass Villingen eine gewachsene Stadt mit ihren eigentümlichen geometrischen Formen (Fraktale, Bifurkationen) ist, die es aber in Villingen nicht gibt. Allerdings kann die vorhandene Teilmotte nicht mit einer gewachsenen Stadt in Verbindung gebracht werden, sondern nur mit einer Idealstadt, da die gewachsene Stadt nur in Teilen wächst und nicht als Ganzes wie die Idealstadt, was bedingt, dass die Motte im Wachstumsprozess einer gewachsenen Stadt „ganz" geblieben wäre. Die senkrechte Wand der Motte kann nur dadurch erklärt werden, dass dieser senkrechte Abbruch Teil einer Plan- einer Idealstadtplanung gewesen sein muss. Des weiteren fehlen der Stadt Villingen jegliche Elemente der gewachsenen Stadt und deren Indikatoren.

Karlsruhe u.a.

Es werden in diesem Buch einige ideale, auf reiner Geometrie basierende Resultate einer Idealstadt aufgezeigt. Zusätzlich wurde dieses Thema in den bisherigen Schriften [1] [2] [3] dargelegt. Als Beispiel einer einmaligen, auf geometrischen und herrschaftlichen Bezügen, beruhenden Stadtstruktur aus der Renaissance, dient die Idealstadt Karlsruhe. In ihrer äußeren Form ist sie angelegt, als kreis- viertelkreis und fächerförmiges städtisches Gebilde. Im Mittelpunkt dieses Kreises befindet sich der Schloßturm der als Herrschaftszeichen für den Herrscher dient. Solche Herrschaftszeichen werden bis heute und darüber hinaus in ganz Deutschland durch die Mittel des Volkes, also steuerlich, saniert. Es werden keine demokratischen oder sozialen Einrichtungen finanziert, sondern nur diejenigen mit einem monarchischen Herrschaftsanspruch.

Karlsruhe, Freudenstadt, Palmenova u.a. basieren auf geometrischen Grundlagen. Villingen auf zahl-, christlichen und musikalischen, verbunden mit geometrischen und sozialen Bezügen. Wenn der Leser den Villinger Plan auf der Rückseite ansieht, dann erkennt er vordergründig ein

Abbildung 5: Geometrie mit Zentrum

schiefwinkliges Kreuz, das den Leser veranlassen könnte von einem Ideal abzusehen, insbesondere dann, wenn man ein rechtwinkliges Kreuz mit gleichlangen Querbalken erwartet. Das Villinger Kreuz ist jedoch anders. Jeder Kreuzbalken hat eine definierte, eine andere verschiedene Länge, aber entscheidende Größen zu den anderen Balken. Auch hat der Winkel zwischen den Balken eine definierte entscheidende Größe. Desweiteren ist das Münsterviertel und seine Geometrie nur durch zusätzliche christliche Zahl-Bezüge zu erklären. Darauf wird im Folgenden eingegangen.

Milet

Eine der ersten Planstädte, die auf orthogonalen Straßenbezügen und topografischen Eingrenzungselementen beruht. Milet ist ein Beispiel für die amerikanischen Planstädte

Paestum

Die ersten Gebäude die nach den Gesetzen der Musik erbaut wurden.

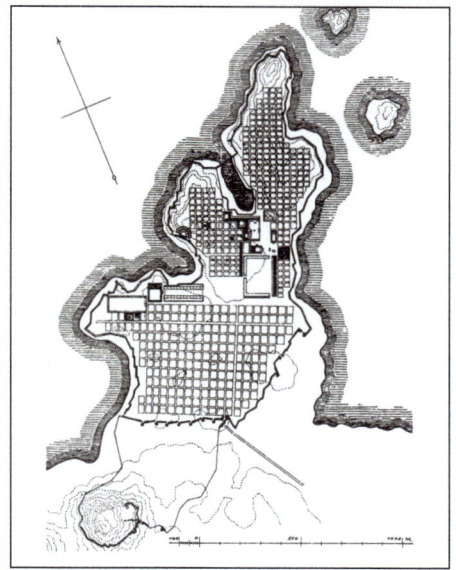

Abbildung 6: Orthogonale Flächenstruktur

Abbildung 7: Musikalische Struktur

AdobeStock · Adamus

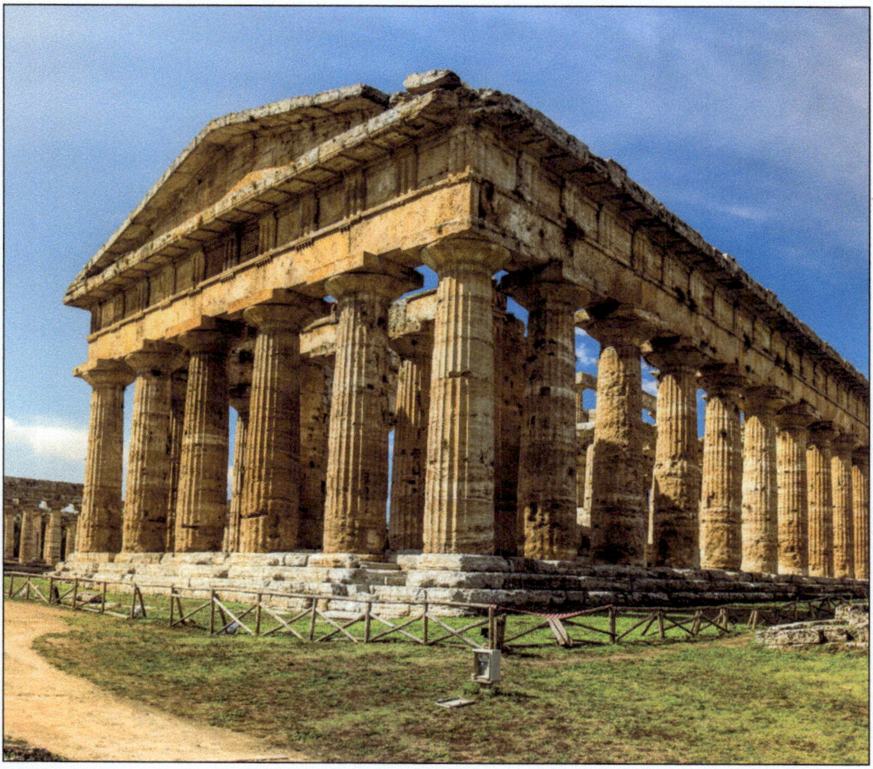

Hauptteil

Die bisherigen untersuchten Elemente zur Idealstadt

Gewachsene Stadt

Ausgangspunkt zur Auseinandersetzung mit der Stadt Villingen war der graduelle Untersuchungsstandpunkt, ob die Stadt eine normale oder eine besondere Ausprägung hat. Die Stadtform der Stadt Villingen war seit 1692 in etwa identisch, beruhend auf einem einmaligen Villinger Plan (Gump). Die heutigen Hauptsiedlungsformen sind die gewachsene Stadt, wobei die damaligen Gebäudeerneuerungen heute kleine Baugebiete darstellen. Die Planstadt als Ganzes findet sich heute nur noch in China. Eine Idealstadt im qualitativen Vergleich zu Villingen ist unbekannt. Die Bebauungen nach § 34 Bundesbaugesetz, nämlich der Zulässigkeit von Vorhaben innerhalb der im Zusammenhang bebauten Ortsteile ist der gewachsenen Stadt als Ergänzung zuzuordnen.

Die gewachsene Stadt hat ihren Ursprung in der Regel in der induktiven Bebauung eines einzelnen Gebäudes, zu dem sich zeitlich versetzt andere Gebäude hinzu ergänzen bzw. stellen. Zunächst werden an den vorhandenen Verkehrsstrukturen die verschiedenen Gebäude errichtet. So kommt es zu einem Wachstumsprozess der Gebäude deren Struktur vergleichbar ist, vorwiegend mit einer Struktur ähnlich eines Laubbaumes (Eiche, induktiv vom Teil zum Ganzen) oder einem Flussdelta (Nil, Mississippi etc.). Diese in sich „automatische" ergebende Formfindung ist vielfältig, kann man aber immer auf grundlegende mathematische Strukturen zurückführen, die aber erst in den 1960er Jahren durch Benoit Mandelbrot geometrisch (gebrochene Dimensionen, Sebstähnlichkeiten) entdeckt wur-

Abbildung 8 (selbstähnlicher Baumstrukturprozess)

den. Genau genommen sind die gewachsenen Städte aus Bifurkationen und Newtonfraktalen zusammengesetzt. Anhand Spaichingen und erweitert aus 56 Beispielen (siehe [1][2][3]), kann man diese Formen ableiten aus dem Formfindungsprozess von Städten und Dorfstrukturen und den ältesten Entwicklungen aus dem Jahr 817, den Marktrechtsstädten, den Zähringerstädten u.a.

Die Beschreibung der gewachsenen und der Planstadt kann einfach sein. Bei der Planstadt gibt es *einen* Planer, zahlreiche Handwerker und viele Gebäude und bei der gewachsenen Stadt gibt es so *viele* Planer wie es Häuser gibt. Das Ergebnis ist aber elementar wenn sich Mischformen zeigen, die allerdings in Villingen nicht vorliegen.

Planstädte

Die Planstädte sind so zu definieren wie die Gebäudestrukturen in Deutschland, Europa oder auf der ganzen Welt. Jedes Gebäude ist ge-

Abbildung 9 Spaichingen (Vielfalt)   © Google Earth   33

plant. Die darüberhinausgehende Planung eines Gebäudes gegenüber dem Normalen erhebt die normale Planung zum Idealen (z.B. Kölner Dom, Elbphilharmonie, oder Bauhaus Dessau).

Am häufigsten treten Planstädte in Nordamerika auf. Die Struktur und der Formalismus der Nennung der Straßen ist vorwiegend in Amerika gleich und daraus generiert sich auch die amerikanische Planstadt.

• Nord-Süd-Verlauf: Name mit avenue
• Ost-West-Verlauf: Name mit street
• Die Nummern der Avenues nehmen von Osten nach Westen zu
• Die Nummern der Streets nehmen von Süden nach Norden zu
• Die Struktur ist einfach und merkbar

Beweise zur Idealstadt Villingen

Die Abbildungen 13, 14, 15 und 20 und die Ergebnisse der Tabelle 1 sind essentiell für das kleine Buch, welches auch ein Großes sein kann. Alle Kritiker sind aufgerufen die dortigen Daten zu prüfen, um eventuell andere Ergebnisse zu erzielen.

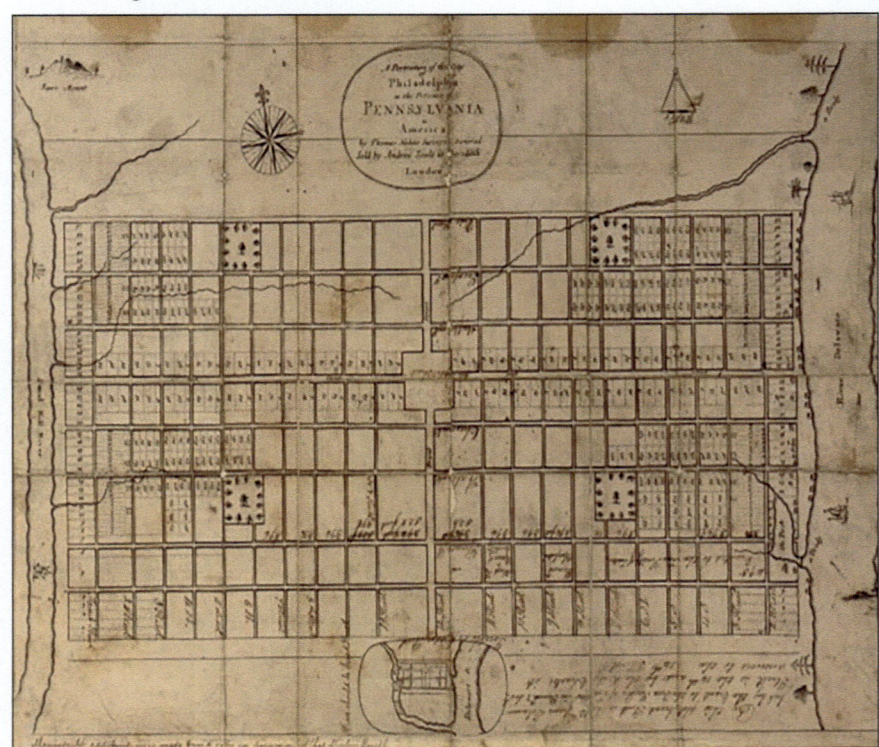

Abbildung 10 Pennsylvenia (Orthogonales Raster; vergl. Milet)   © *Thomas Holme*

Dabei ist zu beachten, dass der Planungszeitraum für diese Stadt um das Jahr 1000 sein muss. Die Zahlverhältnisse (Quarten) der großen Hauptstraßen sind unwiderlegbar in dieser Stadt.

Die Stadt Villingen ist auf einem Quartensystem aufgebaut, was sich ableitet aus der achttönigen pythagoreischen Skala.

Ausgehend vom Grundton C lautet diese.

C	D	E	F	G	A	H	C

Die viertönige Quartenskala bzw. -harmonik lautet

C	D	E	F|	F	G	A	Bb	usw.

Grundstücksfläche

Neben den in den Büchern [1][2][3] dargelegten Ansätzen und Beweisen, wird von Grund auf der Beginn der Stadt aufgezeigt. So sieht das Baugelände der zukünftigen Stadt im Jahre 1000 um die Altstadt von Villingen aus. Die Altstadt am heutigen Friedhof ist gekennzeichnet durch einen grauen kleinen Pfeil in der obigen Skizze. Im Brigachknie hat sich ein Art Plateau gebildet, gekennzeichnet durch einen schwarzen Pfeil. In einer viertelkreisförmigen Form (Knie) umfließt die Brigach dieses Plateau. Es ist sicher, dass das Plateau temporär seit Jahrtausenden überschwemmt und gebildet wurde. Der Abzweig die Gabelung der Brigach, welche quer durch das Plateau ließt, ist bis heute als unterirdischer Strom in der Stadt bemerkbar und setzt manchen heutigen Keller immer noch unter Wasser.

Diese bauliche Umgebung für eine neue Stadt ist äußerst schwierig einerseits durch das anstehende Grundwasser, aber auch durch die notwendig werdende Grundierung.

Die Entfernung der neuen Stadt zur alten Stadt Villingen beträgt eine Entfernung von rund 1 km.

Warum wird die alte Stadt am Friedhof nicht einfach als gewachsene Stadt erweitert, wie es Jenisch für die neue Stadt vermutet und zwar Zug um Zug? Dies wäre die einfachste Lösung gewesen. Warum der Weg

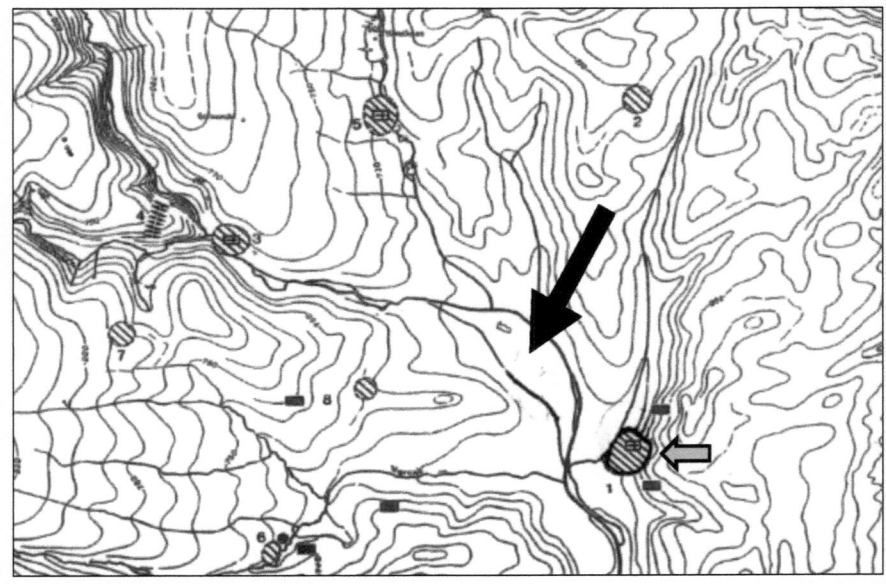

Abbildung 11: Baugelände der Stadt Villingen

einer neuen Stadt, welcher ja mit einem gewissen Risiko behaftet war, denn die Konkurrenz zur Altstadt mit der noch beherrschenden Kirche des christlichen Raumes war ja gegeben?

Die Differenzen sind klar. Die Steppach ist ein Rinnsal gegenüber der Brigach. Die Erweiterungsmöglichkeiten der alten Stadt sind nicht in dem Maß gegeben wie im Brigachknie. Die soziale und wirtschaftliche Entwicklungsmöglichkeit (Handwerker etc.) der Stadt, ist auf dem Plateau weitaus besser gegeben. Wie kann man aber die tiefgläubige Bevölkerung überzeugen, wenn nach der Johannes Offenbarung der Teufel nach 1000 Jahren wieder in Erscheinung tritt. Auch wenn die Bevölkerung vielleicht nicht unmittelbar an die Offenbarung geglaubt hat, so war sie doch streng gläubig und war diesen Gedanken sicherlich zugetan.

Himmelsrichtungen

Üblicherweise wird ein Gebäude oder eine Stadt nach den Himmelsrichtungen geordnet. Gerade auf einer Fläche wie es die Neue Stadt Villingen zulässt, ist es eigentümlich, wenn davon abgewichen wird, denn der Planer war ja frei in seinen Entscheidungen gegenüber den Himmelsrichtungen. Die Beziehung zwischen dem größten Gebäude der Stadt, also dem Münster und der Stadt selbst, bedingt in einer Plan- oder Idealstadt die Beziehung, dass die Kirche „nach Osten, geostet" ausgerichtet ist. Also die West-Ostrichtung der Kirche und damit der Stadt selbst, auch wenn nicht ein weltlicher Herrscher diese Aufgabe mit seinem Stadtplan, wie z.B. in Karlsruhe, übernommen hat.

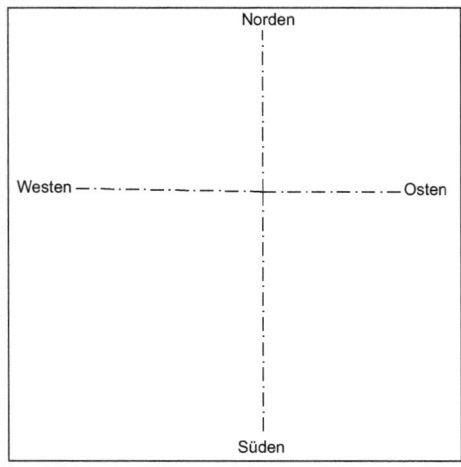

Abbildung 12: Himmelsrichtungen

Zahlen (Winkel)

» 5 Grad

Das Merkwürdigste an diesem Plan ist zunächst der Winkel mit 5 Grad zwischen der Rietstraße zur Ost-Westachse. Die Stadtanlage, die Stadtgeometrie hätte ohne weiteres den Himmelsrichtungen folgen und nach diesen angelegt werden können. War der Stadtbaumeister nicht in der Lage, die Stadt exakt nach den Himmelsrichtungen festzulegen? Machte er einen Fehler? Diejenigen, die heute glauben, dass diese 5 Gradverschwenkung zufällig wären, verkennen die Fähigkeit der damaligen Baumeister und zwar bis in die Antike (Tempel) oder auch die der Romanik oder Gotik ihre Objekte so zu positionieren, wie Ihnen ihre innere planerische und festgelegte Eingebung und Vorgabe diese vorsah. Wenn nun diese 5 Gradverschwenkung zur Ost-Westachse nicht zufällig war, dann muss es einen anderen übergeordneten Grund gegeben haben. Geometrie? Eine geometrische Begründung erscheint unwahrscheinlich, denn warum sollte bewußt aus der West-Ost Achse ein 5 Grad Winkel geplant worden sein. Wie Eingangs genannt ist die Villinger Kernstadt, Idealstadt auf Zahlbezügen, auf christlichen und musikalischen Bezügen entworfen und bebaut worden.

Der Winkel 5 Grad hat zu den Himmelsrichtungen 360 Grad das Verhältnis 360 Grad / 5 Grad = 72. Diese Zahl 72 hat zum „Münsterviertel" eine klare Beziehung die bis heute ableit- und absehbar ist. Sehen Sie auch die Rückseite in der der Winkel mit 72 Grad eindeutig nachzuvollziehen ist.

Die zahlenmäßigen christlichen Bedeutungen werden aus der Bibel abgeleitet. Im Jahre 1000 wurde der Untergang der Welt (Johannesoffenbarung) postuliert. Dem war etwas entgegenzusetzen (5 Grad, 72 Grad und 13 Grad). Deren Bedeutung siehe unten.

5: Als Zeichen für die Gnade Gottes, seinen Willen und die Abhängigkeit vom Schöpfer steht die 5. So besteht der erste Teil der Heiligen Schrift, des Wortes Gottes, aus den fünf Büchern Moses – auch Pentateuch genannt. Mose empfing auch die zehn göttlichen Gebote auf zwei Steintafeln mit je fünf Geboten (Ex 31,18). Der zum Heil der Menschen gekreuzigte Christus schließlich wies fünf Wundmale auf[6].

» 13 Grad

Ebenso wie bei der 5 Gradverschwenkung in der West-Ostachse, ergibt sich bei der Nord-Südachse eine 13 Grad Verschwenkung zwischen der Nord-Südachse und dem Strassenraum. Die Strassenräume ergeben dadurch differenziert einen Winkel von 72 Grad als Differenz zu 90 Grad. Die vorgenannte Zahl 72 ist damit deckungsgleich mit der Differenzzahl von 90 − 5 − 13 = 72. Wie schon bei der 5 Grad-Verschwenkung ist auch beim Winkel 13 Grad eine geometrische Begründung, wie bei den geometrischen Idealstädten für den Winkel 13 nicht gegeben (Primzahlen). Damit bleibt eine andere eine zahlenmäßige, christliche bzw. musikalische Begründung nur möglich, wie sie in dem Geistes- und Baumeisterleben im Jahre 1000 gegeben ist [6 z.T].

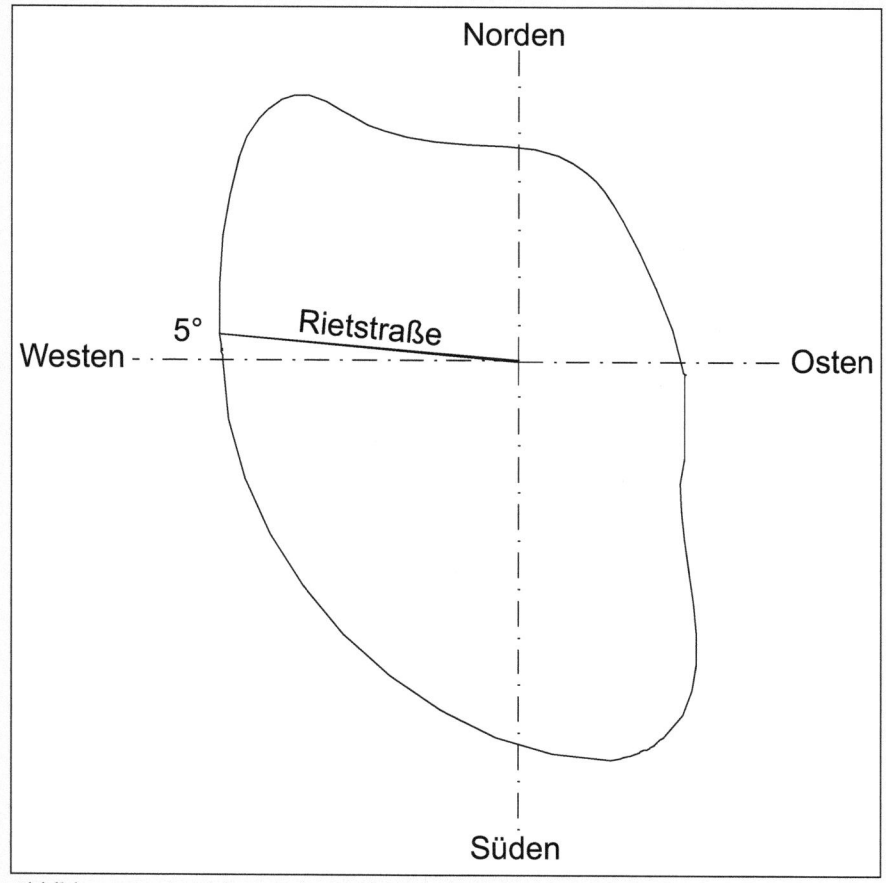

Abbildung 13: Ausrichtung der Stadt: Verschwenkung 5 Grad ;
christliche Zahl, Urgrund

13[1]: Im gesamten Judentum ist die 13 eine Glückszahl, sagt der Augsburger Bibelwissenschaftler Jürgen Werlitz. „Zwar tauche die Zahl als solche im Alten Testament nur 29-mal auf. Aber vor allem eine Passage habe es in sich. In dem vermutlich im vierten Jahrhundert vor Christus verfassten Buch Ester wird der „dreizehnte Tag des zwölften Monats" für das Volk Israel zum Schlüsseldatum. An diesem Tag, so heißt es da, plante der persische Großwesir Haman die Vernichtung des jüdischen Volkes. Allein durch das Eingreifen Esters wurde das Vorhaben nicht in die Tat umgesetzt. Das Purimfest erinnert bis heute an den guten Ausgang dieser Episode." Die Zahl 13 hat damit einen positiven Ursprung. Also Ester rettet damit vor dem Bösen, dem wiedererstarkten möglichen Teufel.

Eine andere Deutung der Zahl 13 führt dazu, dass die eins über die zwölf folgendes bedeutet. Jesus stellt die eins dar und die zwölf stellt die Anzahl der Apostel dar, was zusammen 13 ergibt. Dies ist eine weitaus

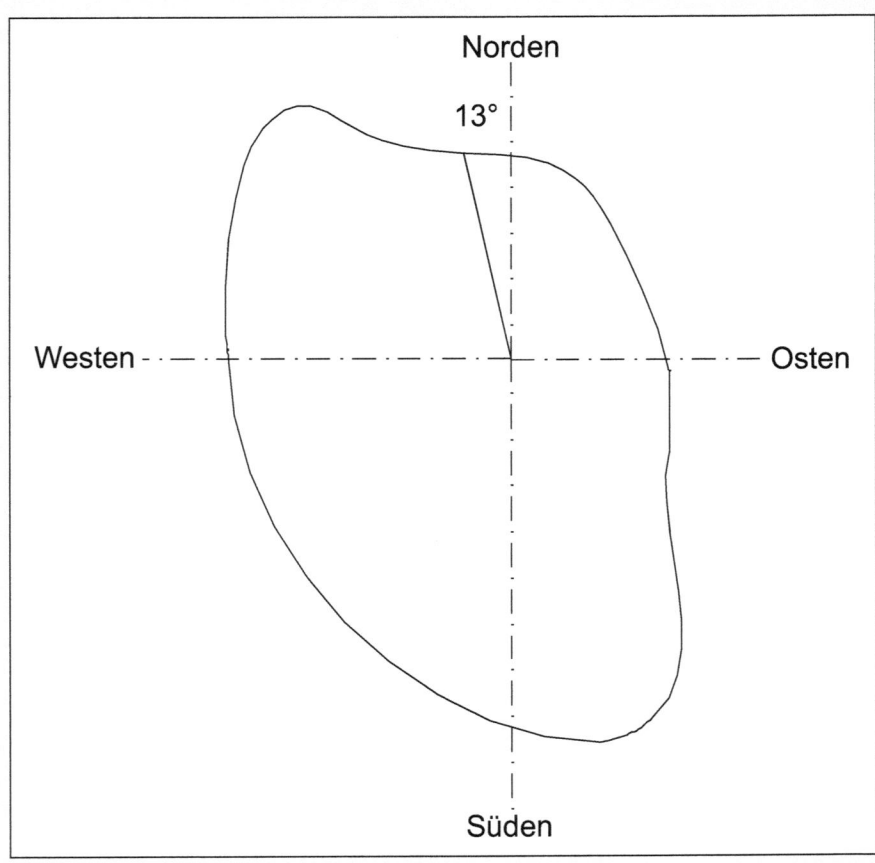

Abbildung 14: Verschwenkung 13 Grad, christliche Zahl, UG

größere Bedeutung, da Jesus bis heute eine größere Bedeutung besitzt als Ester [6].

Eine andere Sicht

13 [2]**:** Die jüdische Zahl 13 steht dann für das Unheil. Das Vollständige, die dem Menschen gegebene Grenze mit der Zahl 12, wird überschritten und steht für die Zerstörung. Die jüdische Kabbala kennt 13 böse Geister, das 13. Kapitel der Johannes-Offenbarung handelt vom Antichristen. 13 ist die Zahl der babylonischen Unterwelt und deshalb die Unglückszahl, die sie im Volksglauben bis heute geblieben ist.

13 überschreitet das Vollständige, die Einheit von Gott und der Welt, welches die Zahl 12 symbolisiert.

Die Zahl 13 hat die höchste Auslegungsmöglichkeit wobei die letzte Auslegung (Jesus) für die Gründung einer Stadt am sinnvollsten erscheint. Die Koinzidenz beider Zahlen (dreizehn) erlaubt eine hohe Zweideutigkeit, wobei der **Eine** über den 12 Aposteln Jesus darstellen soll und sich im Villinger Winkel von 13 Grad wiederspiegelt.

» 72 Grad [Abb.15]

Die 72 Grad ergeben sich zwischen den beiden Winkeln 5 Grad und 13 Grad zu den Himmelsrichtungen. Die Winkelsumme von 5 Grad und 13 Grad ergibt 18 Grad. 72 Grad geteilt durch 18 Grad ergibt 4 (Quarte). Für den Winkel 18 Grad ist ein Ton einer Quarte im Verhältnis der Oberestraße und der Rietstraße festgelegt.

Die Zahl 72 gilt als 6 x 12 und damit Zahl der Größe und Vielfalt. Sie definiert 1/5 des Kreisumfanges. 72 ist die Zahl der Vollständigkeit der Völker, was sich in der Zahl der 72 Jünger, die von Jesus ausgesandt wurden, niederschlägt.

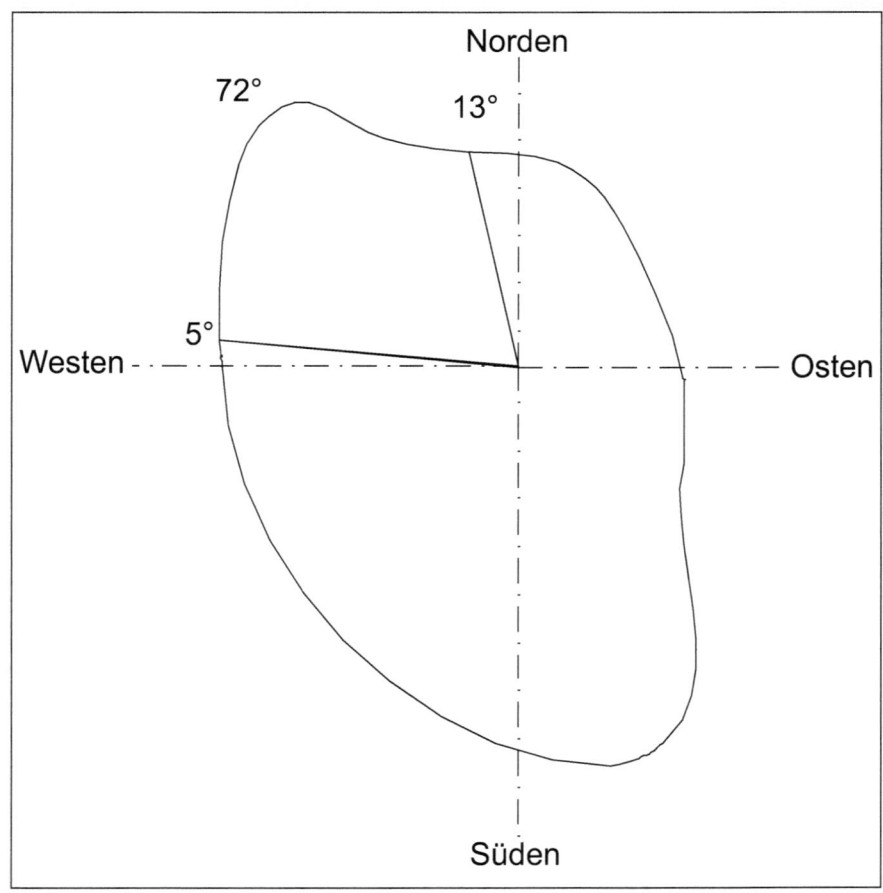

Abbildung 15: Die Zahl 72; 360 Grad / 5 Grad = 72; UG

» 72 Grad (2 er Teilung, Jünger) [Abb. 16]

Der Winkel 72 Grad ist teilbar. Mit der Zahl 2 ergeben sich 36 Abschnitte. Die Zahlen 5 und 13 sind Primzahlen und ergeben als Summe Achtzehn ein Quartenton.

72: Die Zahl 72 (36x2) wird nur im Lukasevangelium erwähnt. Dort wurden die Jünger von Jesus ausgewählt und zwar paarweise, um seine Botschaft zu verkünden. Die Gedenktage der einzelnen Jünger oder Apostel sind über das ganze Kirchenjahr verteilt.

Die Zahlen 5, 13, 72 haben eine übergeordnete Bedeutung für die Stadtgründung da sie sich in erster Linie mit Jesus über die Zahlbedeutungen identifizieren lassen.

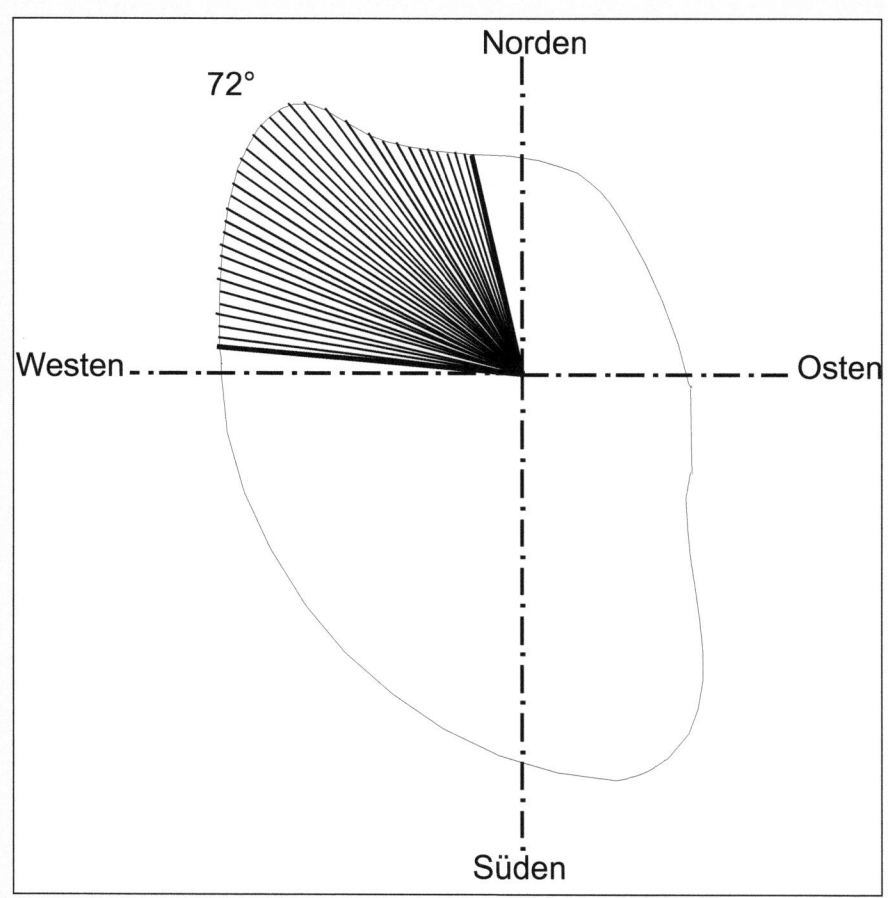

Abbildung 16: Die zweiundsiebzig Jünger; ImproVariation IV

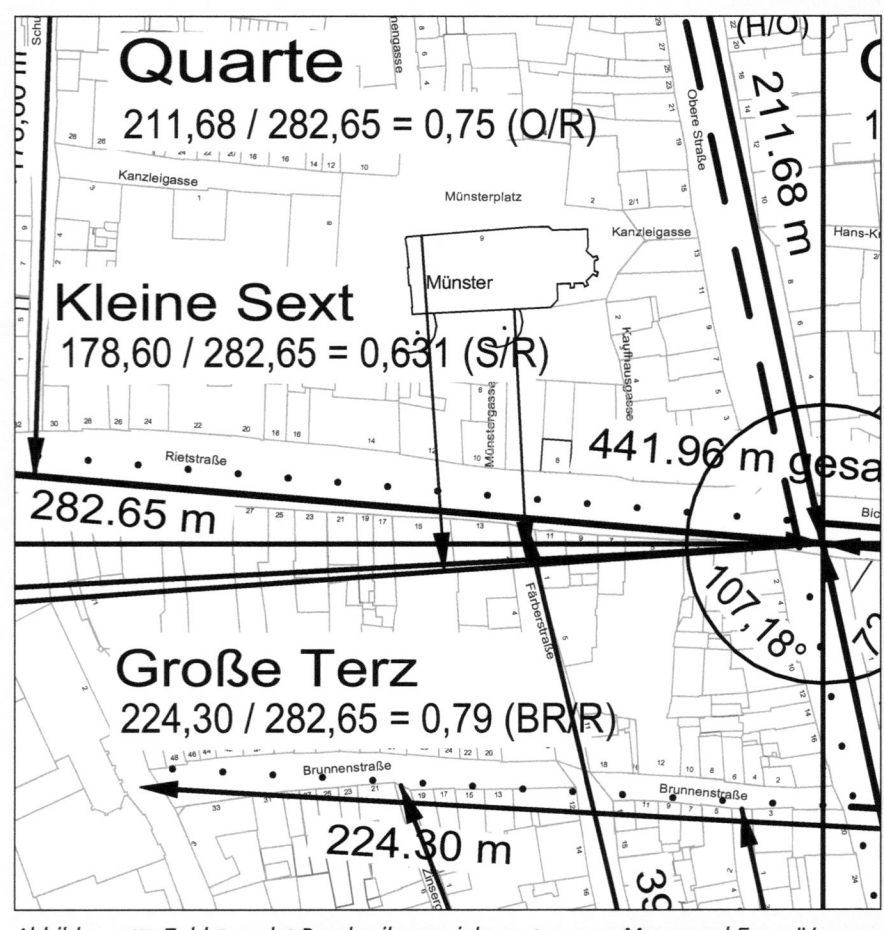

Abbildung 17: Zahl 3 und 4 Beschreibung siehe unten; u.a. Mann und Frau; IV

» Münster 3 Grad, 4 Grad

Das Münster besitzt zur West-Ostachse eine außergewöhnliche Stellung. Ob gewachsene Stadt, Planstadt oder Idealstadt, die Außergewöhnlichkeit ist in allen drei Strukturen gegeben. Üblicherweise sind die Kirchen nach Osten ausgerichtet, also ihre Längsachse ist nach der Himmelsrichtung ausgerichtet. Beim Münster ist dies jedoch anders, in dem die Längsfluchten verschiedene Gradzahlen aufweisen. Sie betragen 3 und 4 Grad.

3: In der Antike galt die 3 als ein Symbol für Geschlossenheit, Vollständigkeit, und so lässt sich analog die Trinität die göttliche Dreieinigkeit aus Vater, Sohn und Heiligen Geist verstehen. Die drei göttlichen Tugenden lauten Glaube, Hoffnung und Liebe. In der Heiligen Schrift gibt es zudem die drei Spitzenjünger, also die wichtigsten Begleiter Jesu: Petrus, Jakobus und Johannes. Drei Stunden währte die Finsternis, bis Jesus am Kreuz starb, und am dritten Tag ist er von den Toten auferstanden.

4: Die 4 weist auf Ordnung hin. Es existieren vier Himmelsrichtungen und die sogenannten vier Elemente – die Zahl betrifft daher auch in der Bibel den ganzen Erdkreis. Sie ist zudem Zeichen der Vollzähligkeit, so dass sich die frohe Botschaft des Neuen Testaments aus vier Evangelien zusammensetzt. Schließlich gibt es die bereits in vorchristlicher Zeit entwickelten vier Kardinaltugenden Gerechtigkeit, Mäßigung, Tapferkeit und Klugheit, die auch im Alten Testament genannt wurden.

Die Bedeutung der Zahlen drei und vier weisen ihren Sinngehalt den Bürgern der Stadt zu, um durch die verschiedenen Winkel die Tugenden und den Glauben zu leben.

» 5 Grad, 72 Grad, 13 Grad; 5, 72, 13

Bei der nochmaligen Untersuchung des Münsterviertels mit den Winkeln 5,72,13 begrenzt durch die beiden Straßen Rietstraße und Oberestraße mit den Einzellängen 211,68m /282,65 m = 0,75 (3/4) als musikalisches Quartverhältnis und eingebettet in die Himmelsrichtungen, ist das Münsterviertel die geistige Ausgangsfläche der Stadt mit den weiteren Festlegungen der weiteren Stadtviertel (72/108). Die beiden Zahlen 5 und 13 sind Primzahlen. Die Zahl 72 kann durch mehrere Zahlen geteilt werden. Daraus ergibt sich eine Art Formel die die Bedeutung der Zahlen offenbart, nämlich:

5	christlich
13	christlich
72	christlich – musikalisch
3/4 ; 2/3	musikalisch

Diese Verhältnisse ergeben sich auch in den folgenden 2 Stadtvierteln (Riet und Hafner). Das Gerberviertel ergibt eine gemittelte Terz. Das Münsterviertel ist aber Ausgangspunkt der Stadt mit einer damals gültigen Quartenharmonik und den zugehörigen christlichen Zahlen für den Startpunkt der Stadt.

Die Zahlenforschung zu der gezeigten Problematik hat sich bis heute in mehreren Disziplinen entwickelt. Natürliche, ganze, rationale, reelle und komplexe Zahlen u.a. Zahlen. Diese o.g. Zahlen sind meist in der Mathematik aber auch in der Musik (Seelenforschung z.B. Beatles-Rolling Stones / Bach-Mozart) erforschbar und erforscht worde. In der Physik als dimensionslose Zahlen (10^{-40} Kopplungskonstante). All diese Zahlen sind nicht Gegenstand dieser Untersuchung. Gegenstand sind Zahlen, die einerseits mit einer Einheit wirken und andererseits welche die dimensionslos sind. z.B. 2 Meter, oder 2,oder wie z.B. die Zahl 72, in der, in der Bibel 72 Jünger zugeordnet werden, die Jesus in die Welt ausgesandt hat und andererseits 72 Grad wie sie sich im Münsterviertel darstellen. Das Zeichen als solches ist aber die Zahl 72. Auch in der Bibel gibt es umfangreiche Zahlangaben z.B. die Zahl 666, die als Böses gilt und angeblich mit Kaiser Nero in Verbindung gebracht wird.

Die musikalischen Zahlen bis zum Jahr 1000 gehen auf die Pythagoreer zurück. Die von den Pythagoreern definierte Tonleiter lautet:

1	8/9	64/81	3/4	2/3	16/27	128/243	1/2
C	D	E	F	G	A	H	C'

Ergänzend wurde durch Pythagoras z.B. die 0 mit dem „Nichts" identifiziert und die 1 mit „Gott".

Die hauptsächlichen Proportionen in der Stadt sind die Quarte 3/4 (Hauptstraßen) und die Quinte 2/3 (Hauptstraßen-Winkel). Die Griechen der Antike nannten das zur Gruppe der wohlklingenden Intervalle die Quarte. Sie bildet das Rahmenintervall des in der griechischen Musiktheorie wichtigen „Tetrachords" (Quarte, 3/4). Im Mittelalter gehörte die Quarte zuerst zu der als „wohlklingend" empfundenen Gruppe von Intervallen, zu welcher Prime, Oktave, Quinte und später die Terz gezählt

wurden. Im 13. Jahrhundert stand die Quarte zusammen mit der Quinte in der Mittelposition der Tonleiter, bis sie im 15. Jahrhundert schließlich als echte Dissonanz gehört wurde. Die Sicht der modernen Akustik stützt die (aus der griechischen Antike übernommene) mittelalterliche Interpretation insofern, als bei den Intervallen Oktave, Quinte und Quarte in der Tat besonders einfache Schwingungszahlenverhältnisse vorliegen. Bei der Oktave beträgt dieses 1:2 (Längenbezug 1/2, Frequenzbezug 2/1) das heißt die Oktave a^2 des Kammertons a1 (440 Hz) schwingt mit 880 Hz. Bei der Quinte beträgt dieses Verhältnis 2:3 (die Oberquinte e2 des Kammertons schwingt also mit 660 Hz); für die sich als Komplementärintervall ergebende Quarte zwischen e^2 und a^2 (660 und 880 Hz) beträgt die Proportion dem entsprechend 3:4. Diese Zahlenverhältnisse waren, zum Beispiel durch Experimente am Monochord, grundsätzlich auch schon den antiken und mittelalterlichen Musiktheoretikern vertraut. Im Laufe der Neumen-Entwicklung wurden die jeweiligen Formen präziser und um das Jahr 1000 führte GUIDO VON AREZZO (um 992–1050), hier am Monochord das Liniensystem ein. Es gab zunächst nur eine Linie zur Orientierung. Doch bereits im Jahr 1027 gebrauchte er in einer Notenschrift vier Linien im „Terzabstand" und Schlüsselbuchstaben.

Die im Buch gezeigten Systemskizzen basieren auf der „Anzahl" der Töne. Dabei sind 4 Töne eine Quarte und z.B. 6 Töne ein Sexte (vergl. Klavier). Die anliegende Tabelle zeigt dass z.B die Quarten mittels der pythagoreischen Tonskala entsprechend den Straßenlängen untergliedert und in einzelne Tonabschnitte nach Pythagoras geordnet werden können. Dieser Vorgang ist anhand des Stadtgrundrisses in mehreren Stufen deshalb möglich.

Was auffällt (s. Abweichung in der Tabelle) ist, dass die Straßenbeziehungen und -längen in der oberen Stadt bedeutend geringer sind und in den Verhältnissen ausfallen, als in der unteren Stadt. Der Dreiklang (Verhältnisse), Rietstraße, Oberestraße, und Bickenstraße ist damit am genauesten ausgebildet. Welchen Grund es für das Verhältnis und die Einzellänge der Niederenstraße gibt, die zu einer geringfügig größeren Abweichung vom Quartenverhältnis geführt hat ist eindeutig hier nicht zu klären, bzw. wissenschaftlich nachzuweisen. Ein zu prüfender Ansatz wäre die Rekonstruktion des Niederetorfundamentes. Es erscheint unwahrscheinlich, dass drei Straßen fast eindeutig eine Quarte bilden und eine Straße bildet eine geringe Differenz hierzu. Die Aufklärung wäre allerdings eine Vermutung, die wir in diesem Buch nicht einführen wollen, denn der grundlegende Ansatz gründet auf dem Münsterviertel und den Straßenlängen die jeweils eine Quarte bilden in der verschiedenen Ausprägung (s. Tabelle).

Die Stadtgeometrie von Villingen basiert nicht auf Terzabständen sondern auf „Quartabständen". Der entwerfende „Stadtkomponist" von Villingen verwendete keine Terzabstände, sondern Tetrachorde der Griechen, die durch die Griechen entwickelt wurden.

Aus der 5 Grad Verschwenkung ergibt sich eine Zahl mit 360 Grad/ 5 Grad = 72, also eine 5er-Teilung. Die weitere und fehlende Größe lautet dann 90 Grad – 77 Grad = 13 Grad. Diese drei Zahlen 5, 72 und 13 sind der idealplanerische Urgrund der Stadt Villingen und führt zu den Straßenlängen die durch Quarten (4 Töne) festgelegt wurden. Jede Zahl mit einer Einheit kann mit einer Einheit genau eine Größe definieren. Fünf Meter oder fünf Kilogramm oder 5 Sekunden. Dies sind eindeutige Größen (Winkel, Längen). 5 Grad, 72 Grad und 13 Grad sind eindeutige Größen. Konzentriert man sich nur auf die Vorzahl wie 5, 72 und 13 kommt man heute angeblich in den esoterischen Bereich eines jeden Forschungsgebiet, denn 5 findet man überall im All. Die dimensionslose Zahl 1836 ergibt sich aber in jedem Verhältnis eines Protonenelektronenpaares und findet sich auch überall im All. Das Sonnensystem ergibt dimensionslose musikalische Verhältnisse die von Kepler gefunden wurden und auf musikalische Proportionen beruhen. Der erste der solche Zahlverhältnisse gefunden hat war Pythagoras. Die meisten nachfolgenden Verhältnisse gründen auf seinen Forschungen von „1, 1/2, 1/3, 1/4" bzw. „1, 2/1, 2/3, 3/4". Aus diesen Verhältnissen sind die grundlegenden dimensionslosen Proportionen in der Musik abzuleiten. Die pythagoreischen Zahlen sind so vielseitig wie die christlichen, da sie sich um das Jahr 1000 Jahr weiter ergänzten. Pythagoras soll in einer Schmiede verschiedene Töne von Hammerschlägen gehört haben und seine Theorie danach entwickelt haben. So wie man verschiedene Töne aus einem Hammerschlag auf einen Amboss hören kann, so ist es unmittelbar denkbar, dass er seine Theorie aufgrund verschiedener konsonanter oder dissonanter menschlicher Stimmen und Klängen oder schon damals bestehender Musikinstrumente wie die Lyra bzw. die des Monochords entwickelte. Theorien entwickeln sich oder gehen unter. Sie gehen dann unter, wenn sie nicht genug begründet und bewiesen sind. Die pythagoreische Tonleiter hat Bestand bis heute und bis ein Mathematiker im Jahr 1642 die ganzzahlige Tonleiter von Pythagoras abwandelte modifizierte und in eine chromatische Tonleiter umwandelte.

Es soll Menschen geben, die zu Beginn eines Musikstückes den Erkennungswert wahrnehmen und die wahrgenommene seelische Tiefe emotional im Gehirn umgewandelt wird, so dass die reale Wahrnehmung einer Träne empfunden und sichtbar wird in der empfundenen Emotion des Musikwerkes.

Genau diesen Prozess gibt es nicht nur in unserem Zeitalter sondern seit Anbeginn der Menschheit. Pythagoras hat diesen Prozess erkannt, erforscht und fixiert und schon damals wissenschaftlich weitergetragen. Die Tiefe der Musik wie sie auf die Menschheit wirkt ist den Zahlen von Pythagoras zu verdanken. Diese Zahlen wirken nicht nur in der Musik.

Das Münsterviertel festgelegt mit 5, 72,13 mit den Proportionen der 4 Hauptstraßen ist einmalig im Städtebau und nur zu denken hinsichtlich der genannten christlichen Zahlen als Grundlage der sich ergebenden Form. Das Dreieck mit der Gradzahl 72 ist damit eine grundlegende Form mit dem Ergänzungswinkel 108 Grad (s. Rückseite) und führt zu der geistigen Form als Grundlage, dem Teil und dem Ganzen.

Münsterviertel mit Straßennamen

Die Straßen werden nach den heutigen Namen bezeichnet mit Rietstraße und Oberestraße. Wie diese Namen im Jahr 1000 genannt wurden ist unbekannt. Es ist allerdings davon auszugehen, dass das Münsterviertel schon immer so mit seiner Intention zur Kirche und zur Bibel bezeichnet wurde.

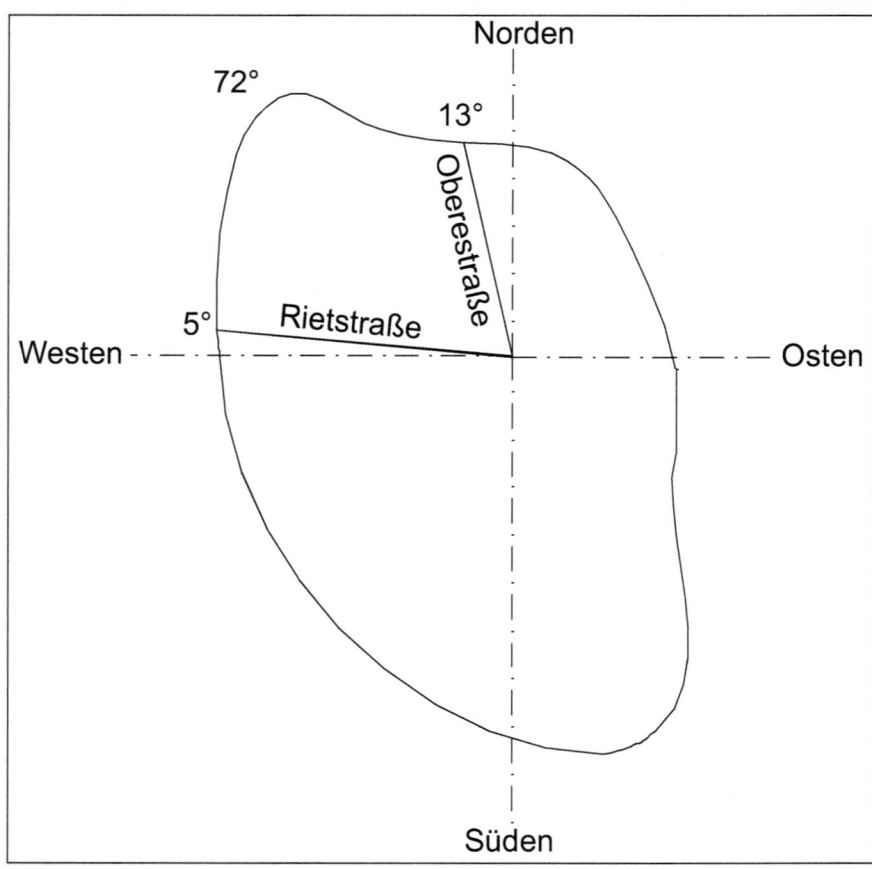

Abbildung 18: Benennung des Quartverhältnis; IV

Münsterviertel mit Straßenlängen

Zu den Gradzahlen ergeben sich Längenzahlen. Die Rietstraße hat eine Länge von 282,65 m und die Oberestraße von 211,68m. Im Jahr 1000 wurden die Längen in Fuß angegeben, was aber im Verhältnis der Längen zueinander die gleichen Ergebnisse erzielt, wenn man Meter oder Fuß angibt. Im Verhältnis ist es eindeutig gleich. Somit ist das Münsterviertel in seiner Fläche und seiner Ausdehnung, also der Längen der Hauptstraßen bestimmt durch eine musikalische Quarte 211,68m / 282,65m = 0,748 ≈ 0,75 mit Straßenlängen die mit heutigen Messmethoden definiert wurden. Die Längen werden mittig einer Strukturlinie der Straßen bestimmt. Die Straßenlängen 211,68m und 282,65m sind für sich allein unbedeutend. Erst im Verhältnis 0,75 bilden sie Zahlen die proportional definierbar und in der Musik bedeutend sind.

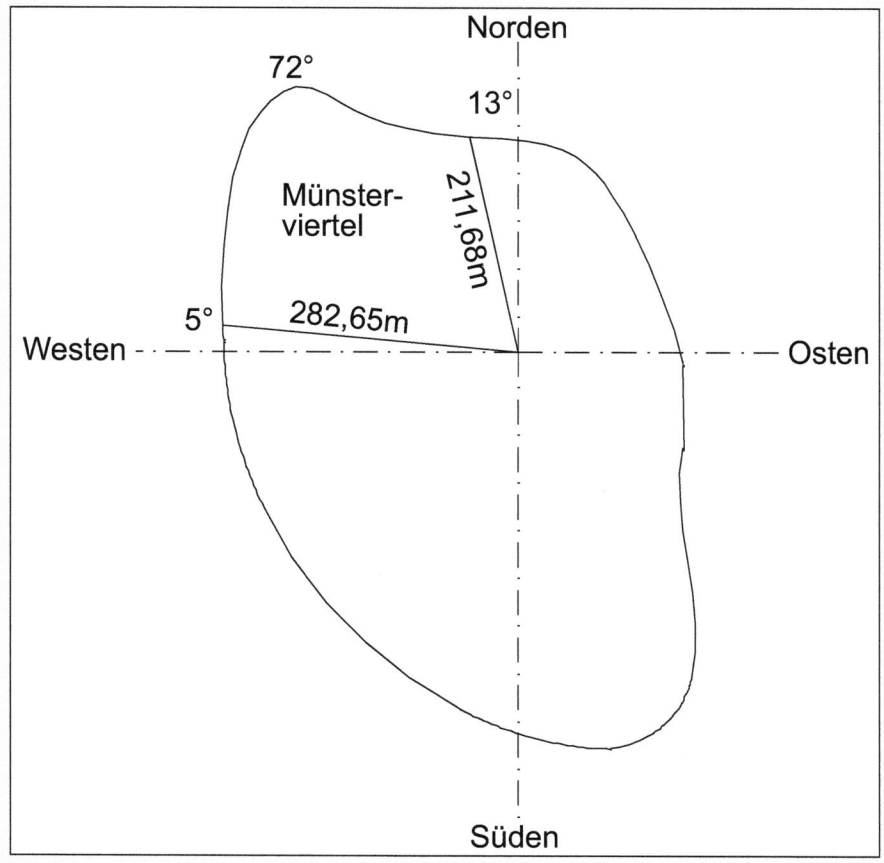

Abbildung 19: Definition des Quartverhältnis; O/R = 0,75; UG

Straßenlängen

Die Hauptstraßenlängen der Stadt Villingen die zueinander als Quarten in der Quartenharmonik als Verhältnis des frühen Mittelalter stehen.

Niedere Straße	384,52 m
Rietstraße	282,65 m
Obere Straße	211,68 m
Bickenstraße	159,31 m

Dies ist der bedeutendste Plan für die beweisende Darlegung zur musikalischen Grundlage der Stadt Villingen. Zufälle können sich keine ergeben, insbesondere der Straßenlängen und den einmaligen Winkel zu den Himmelsrichtungen, die die Stadt ausrichten. Die Quartenhar-

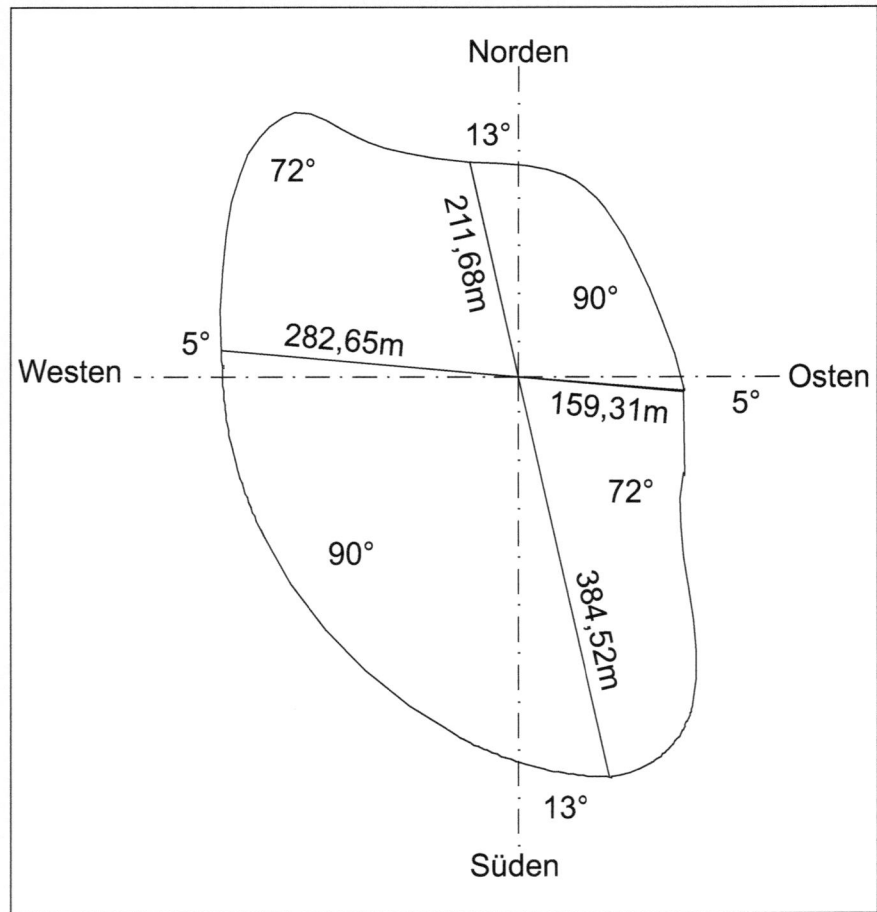

Abbildung 20: Grundlegende Quartenbezüge durch die 4 Hauptstraßen; UG

monik des Mittelalters und die christlichen Zahlen sind in der Stadt festgelegt.

Die Längenergänzungen zur Rietstraße und der Obere Straße bilden die Niedere Straße mit 384,52m und die Bickenstraße mit 159,31m. Die Gesamtlängen betragen demnach 384,52m + 211,68m = 596,20 m und 282,65m + 159,31m= 441,96m. Diese Längen ergeben sich „zwischen den Tortürmen". Diese Längen können in ihrer Größe, also in ihrer Einzelgröße nur in Villingen verortet werden. Es ist unmöglich, dass diese Längen auf der Welt in dieser formalen und zahlmäßigen Beziehung nochmals vorkommen und als sichtbares Kreuz erkennbar sind, anders wie die Planstädte in Amerika. Setzen wir die Längen ins Verhältnis, dann ergeben sich musikalische Verhältniszahlen von 0,75 und 0,66 zu den Hauptstraßenlängen und dem Verhältnis des Hauptstraßenwinkel.

Tabelle 1	Straßenverhältnisse / Musikalischer Urgrund der Stadt
Rietstraße-Bickenstraße / Oberestraße-Niederestraße 441,96m / 596,20m **= 0,741 ≈ 0,75 (F-Bb)**	
Rietstraße / Niederestraße 282,65m / 384,52m **= 0,735 ≈ 0,75 (Bb-Eb)**	
Oberestraße / Rietstraße 211,68m / 282,65m **= 0,748 ≈ 0,75 (Eb-Ab)**	
Bickenstraße / Oberestraße 159,31m / 211,68m **= 0,752 ≈ 0,75 (Ab-Db)**	
Bickenstraße / Niederstraße 159,31m / 384,52m **= 0,414 (Db- (E, F, Gb)**	
Winkelbezug Bickenstraße/Oberestraße; Oberestraße /Rietstraße (auch Spiegel) 72,82 / 107,18 **= 0,679 ≈ 0,666**	

Man bildet den Mittelwert der oben genannten Teilquarten und es ergibt sich eine reine Zahl von 0,744. In der Näherung zu 0,75 zeigt sich damit eine Ungenauigkeit von 0,992, wenn man bei einer solchen Stadtgröße von einer Ungenauigkeit überhaupt sprechen kann. Dies bedeutet, dass der Mittelwert 0,744 der Straßenlängen zu 0,75 annährend 0,992 = 0,744/0,75 beträgt. Es ist sehr darauf zu achten, dass die Straßen verschiedene Längen besitzen und nicht rechtwinklig, sondern im Winkelverhältnis von 72/108 = 0,666 stehen. Dies entspricht einer musikalischen Quinte. Quinte und Quarte sind neben der Oktave die beiden wichtigsten Proportionen und Klänge in der Musik.

Aus der Tabelle 1 sind Näherungen zu den theoretischen Werten zu sehen. Jede Wissenschaft basiert auf Theorie und Empirie (Erfahrungswissen). Dabei sollte sich der Näherungswert (Differenz zwischen Theretischem- und Erfahrungswert) über die Zeit und den durchgeführten Messungen immer mehr annähern. Eine Stadt mit einer solchen Genauigkeit zwischen Theorie und Messung ist dem Verfasser nicht bekannt und wird einmalig sein in der städtebaulichen Forschung.

Zu den musikalischen Zahlen

» Winkel 72 Grad / 108 Grad

Der Ergänzungswinkel zu 72 Grad ergibt 108 Grad. Die Summe 180 Grad.

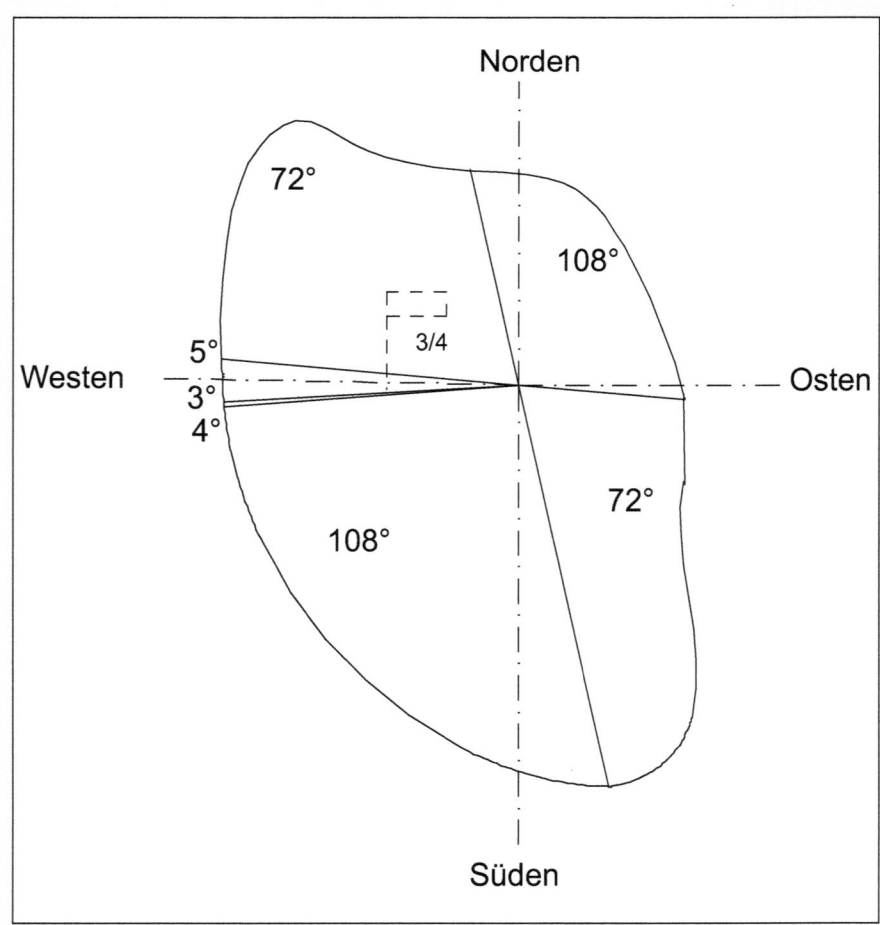

Abbildung 21: vergleiche Rückseite UG

» Winkel 72 Grad / 90 Grad

Bezugnehmend auf die Himmelsrichtung ergeben sich die Zahlengrade von 72 Grad und 90 Grad. Mit den Teilern 4 und 5 ergibt sich die Gradzahl 18 (Quartenton).

72 Grad / 4 = 18 Grad und

90 Grad / 5 = 18 Grad

Jeweils als Quarte definierbar.

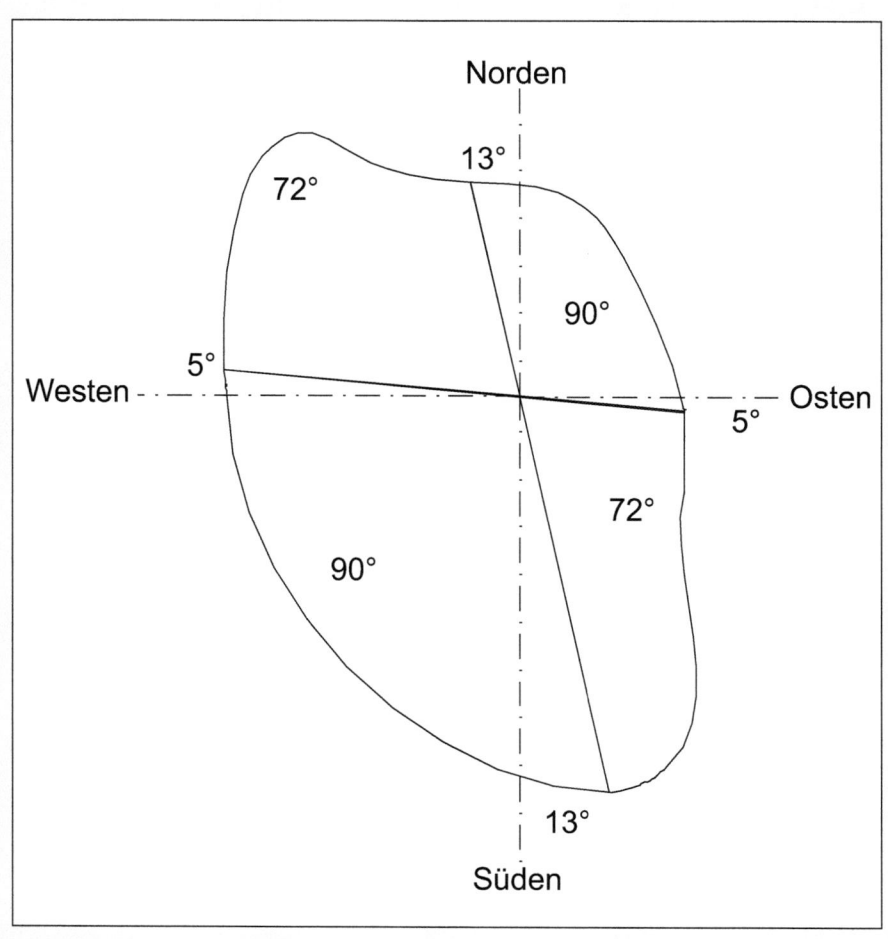

Abbildung 22: 5, 72, 13 Bezug zu 90 Grad; IV

» Winkel 72 Grad/108 Grad = 2/3

Diese Systemskizze entspricht der Originalluftaufnahme auf der Rückseite, ergänzt durch die Winkel. Aus dieser Struktur ist die Quarte ableitbar.

72 / 18 = Quarte = 4 Töne
90 / 18 = 4 (13+5) / 18 = 1 (4+1) = 1 Quinte
72 Grad / 4 = 18 Grad
108 Grad / 6 = 18 Grad
2 x (72 Grad + 108 Grad) = 360 Grad

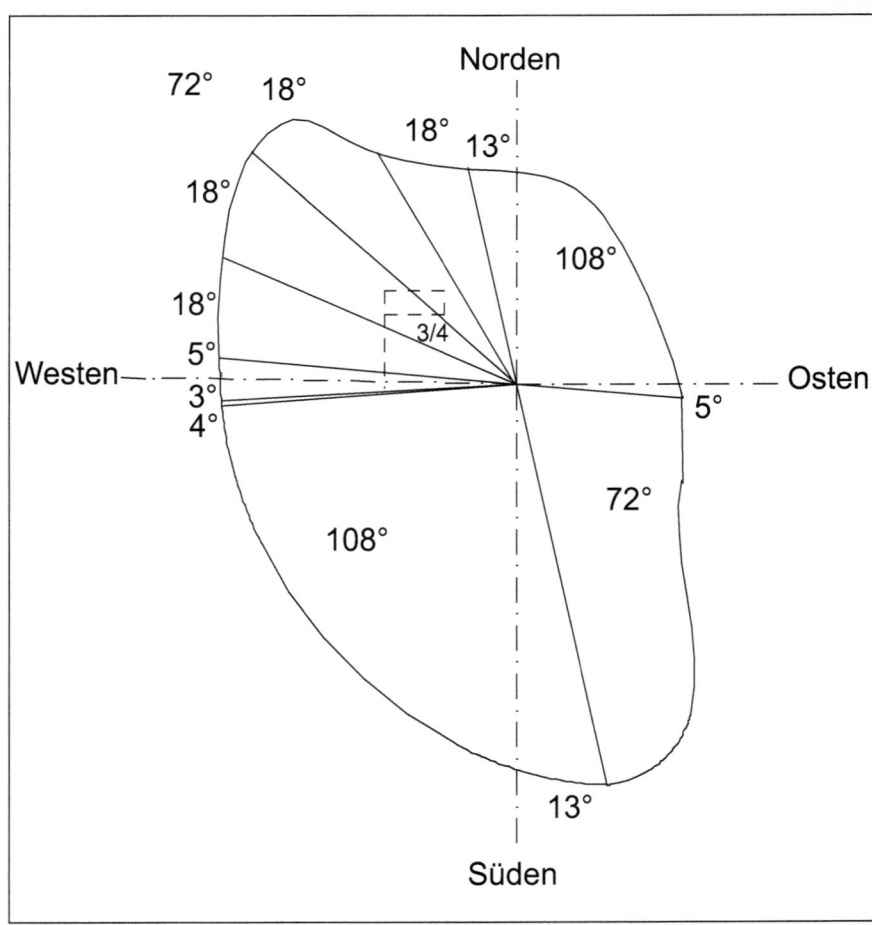

Abbildung 23: Quarte 72/18 = 4; UG

5 x 72 Grad = 360 Grad

Der Teil und das Ganze. Das Münsterviertel als Teil ermöglicht eine Imagination zum Ganzen. Auch hier ergibt sich die 360 Gradzahl durch 5x2 Grad. Demgegenüber ist die Realität mit vier „Vierteln" gegeben. Das Münsterviertel gründet auf einer „Fünf" Zahl (Pentatonik). Die Realität auf einer „Vier" Zahl für die einzelnen Viertel (Münster, Hafner, Gerber und Rietviertel). Es ergibt sich ein grundlegendes Verhältnis aus „Fünf" und „Vier".

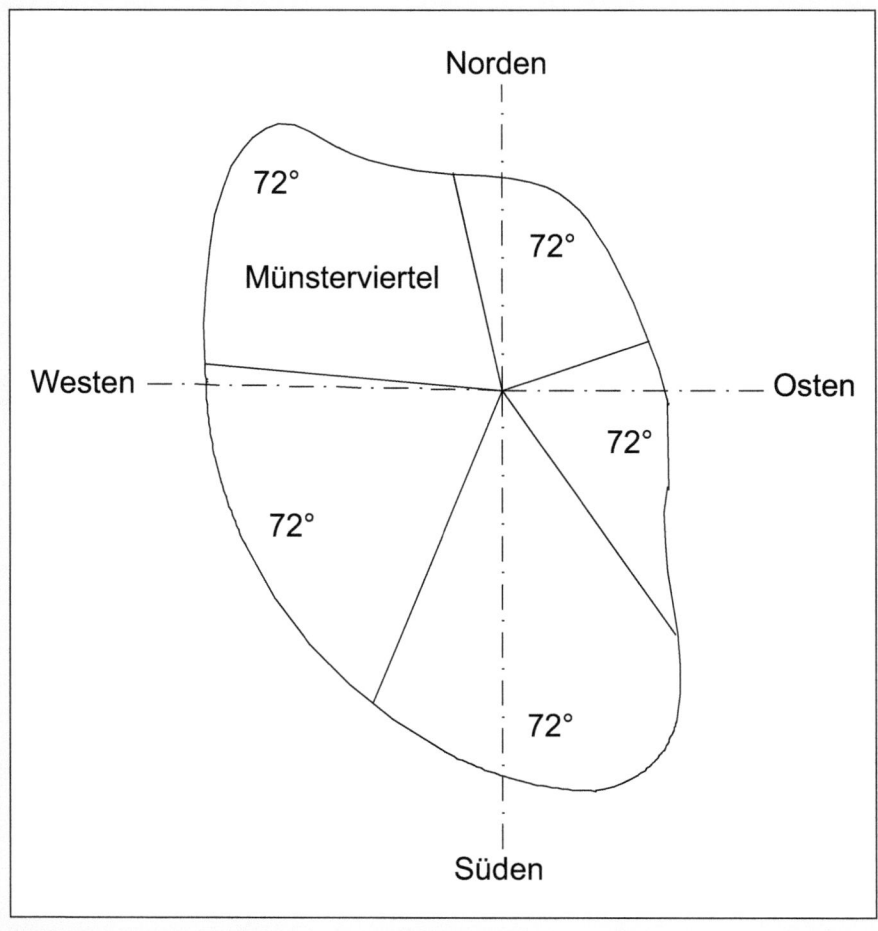

Abbildung 24: Fünferteilung im Qaurtbezug; UG

» Winkelmaß 72,82 Grad / 107,18 Grad

Es ist offensichtlich, dass bei einer solchen Stadtausdehnung (441,96 m/596,20 m = 0,75) exakte Maße außerhalb Villingens schwer zu finden sind. Die angegebenen Längenmaße wurden mittels CAD-Systemen, die auf der städtischen Grundkarte basieren angegeben und benötigten deshalb keine Näherung. Durch ihre Proportionsangabe war dies nicht notwendig. Die beiden Zahlen 72/108 betragen 0,66 und ergeben als Winkelmaß eine reine Quinte. Die beiden exakten Zahlen 72,82 Grad / 107,18 Grad = 0,67. Eine sich ergebende gültige Näherung ist damit offensichtlich für die beiden Proportionen.

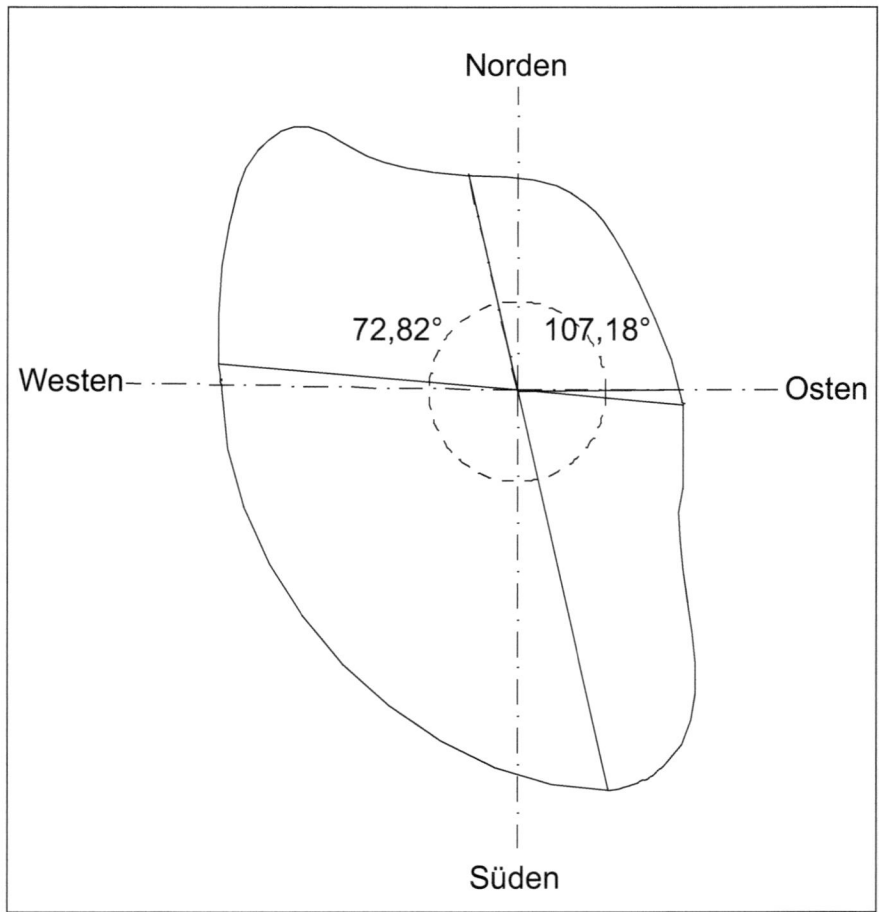

Abbildung 25: Hauptstraßenwinkel Quinte; UG

Tonstufen

Unten zeigen sich einige wenige Gradverhältnisse die zu Tonstufen führen. Es ist in dem Werk darauf zu achten, dass die Tonstufen, nur die Anzahl der Töne angibt, also keine Tonhöhen oder Rhythmen. Die Tonstufen sind vergleichbar mit Tasten einer Klaviatur, die sich durch die Winkel widerspiegeln. Dagegen sind die Straßenlängen reine Quartbeziehungen.

72 Grad / 18 Grad = 4 Tonstufen
72 Grad / 12 Grad = 6 Tonstufen

90 Grad / 18 Grad = 5 Tonstufen
108 Grad / 18 Grad = 6 Tonstufen
108 Grad / 27 Grad = 4 Tonstufen
180 Grad / 36 Grad = 5 Stufen

» 72 Grad / 18 Grad

Die Zahl 72 ergibt mit der Zahl 18, 4 Teile bzw. 4 Tonstufen, also eine Quarte und entspricht damit vergleichbar, in der Musik, entsprechend die Zahl 8 als eine Oktave mit 8 Tönen / bzw. 8 Tonstufen.

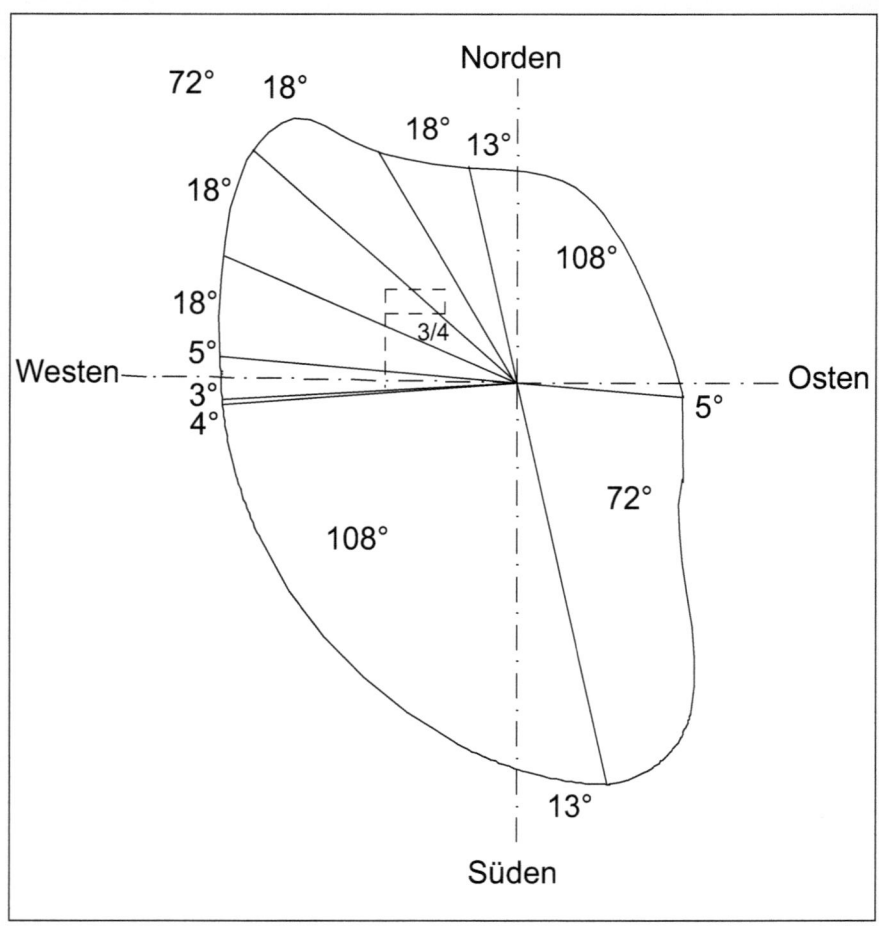

Abbildung 26: 72/108 in Bezug zur Quarte; UG

» 108 Grad / 18 Grad

Die beiden Gradzahlen 72 und 108 ergeben 10 Tonstufen. Eine Tonleiter mit 10 Tönen ist in der zugänglichen Literatur als 2½ Quarten in
diesem Zusammenhang bekannt, oder als 2 Quinten. Verwendet man
die grundlegende „Zehn-Zahl" der Pythagoreer, so ist der Bezug zu dem
Zahlensystem Villingens offensichtlich.

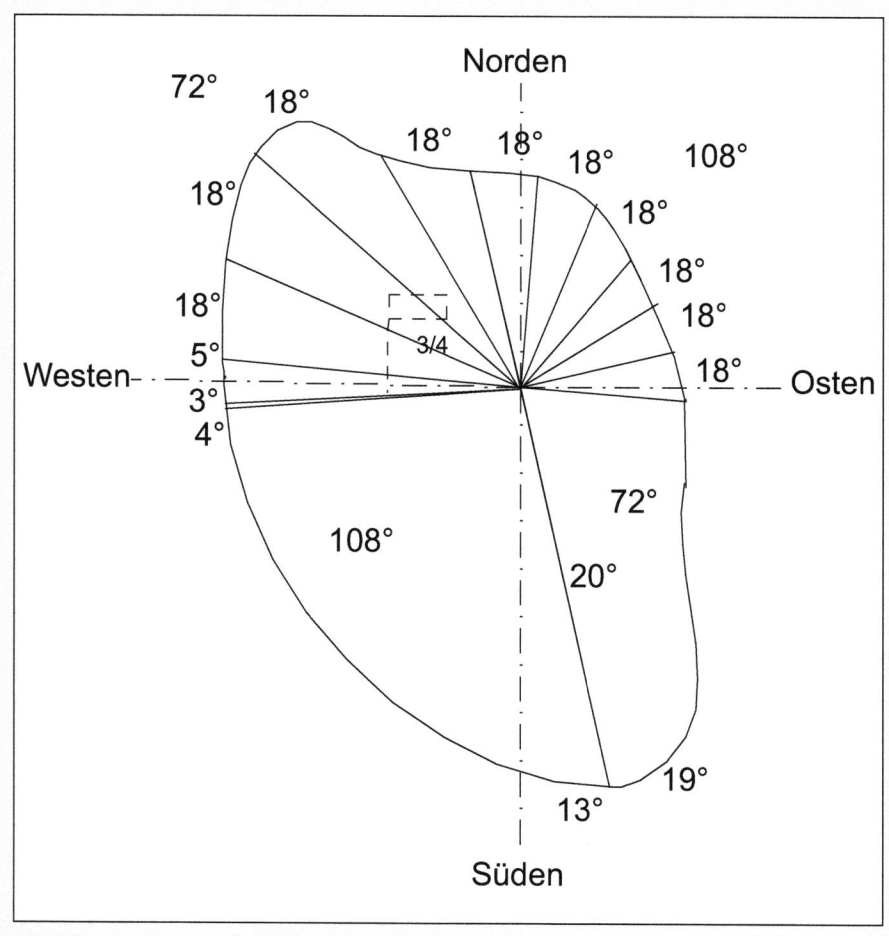

Abbildung 27: 72 und 108 in einem Bezug; IV

» 72 Grad / 12 Grad

Die Quarte (72 Grad) wird in 6 Halbtöne, ausgehend von der Prime, geteilt. Die Teilung mit 12 ergeben bei 180 Grad 2 1/2 Quarten mit Halbtönen, also 15 Tonstufen. Bei 360 Grad sind es 5 Quarten also 30 Tonstufen mit Halbtönen.

In der christlichen Symbolik taucht die doppelte Zwölf beispielsweise in der Unterscheidung von altem und neuem Testament auf; erstere werden durch die zwölf Stämme Israels und letztere durch die Apostel Christi dargestellt. Ferner besteht der Tanach als heilige Schrift des Judentums – je nach Zählweise – aus vierundzwanzig Büchern. Diese drei Verwendungen der Zahl werden sowohl in der christlichen Liturgie als auch in der Bibel selbst immer wieder aufgenommen; auch in der Kunst des Mittelalters und der frühen Neuzeit lassen sich viele Darstellungen der Vierundzwanzig finden und auf ihre christliche Symbolik zurückführen.

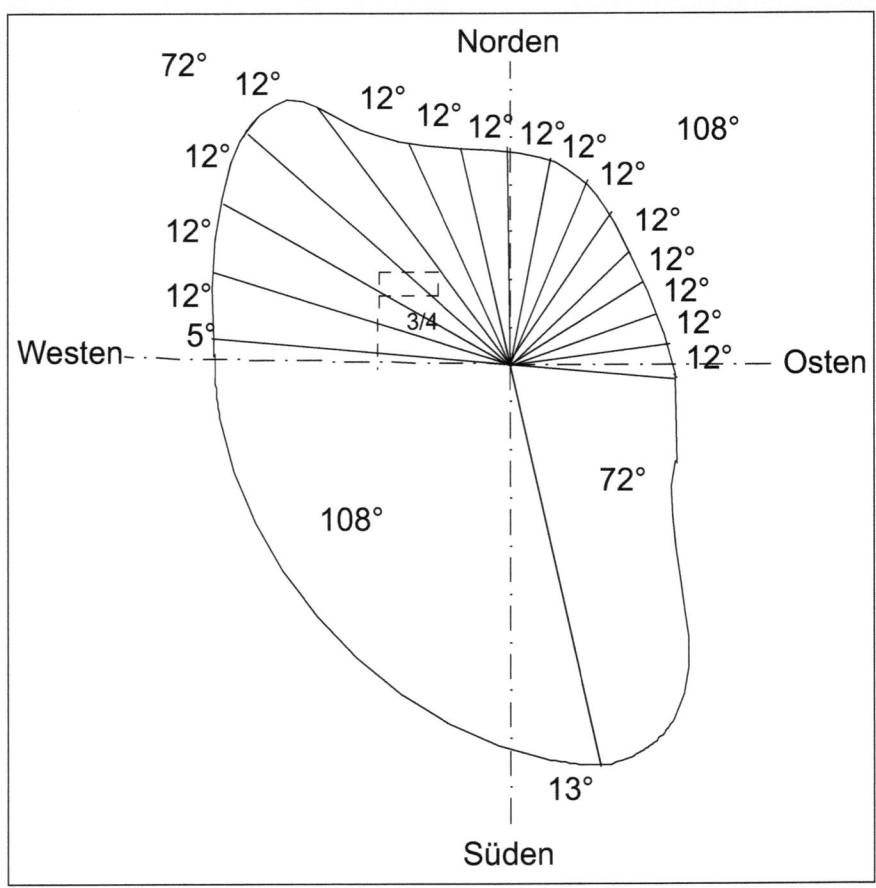

Abbildung 28: Halbtonschritte; IV

» 72 Grad / 8 Grad

Der Teiler beträgt 9 und ergibt 8 Tonstufen bzw. Töne innerhalb einer Tonleiter. Es ist die 8-stufige diatonische pythagoreische Tonleiter ablesbar.

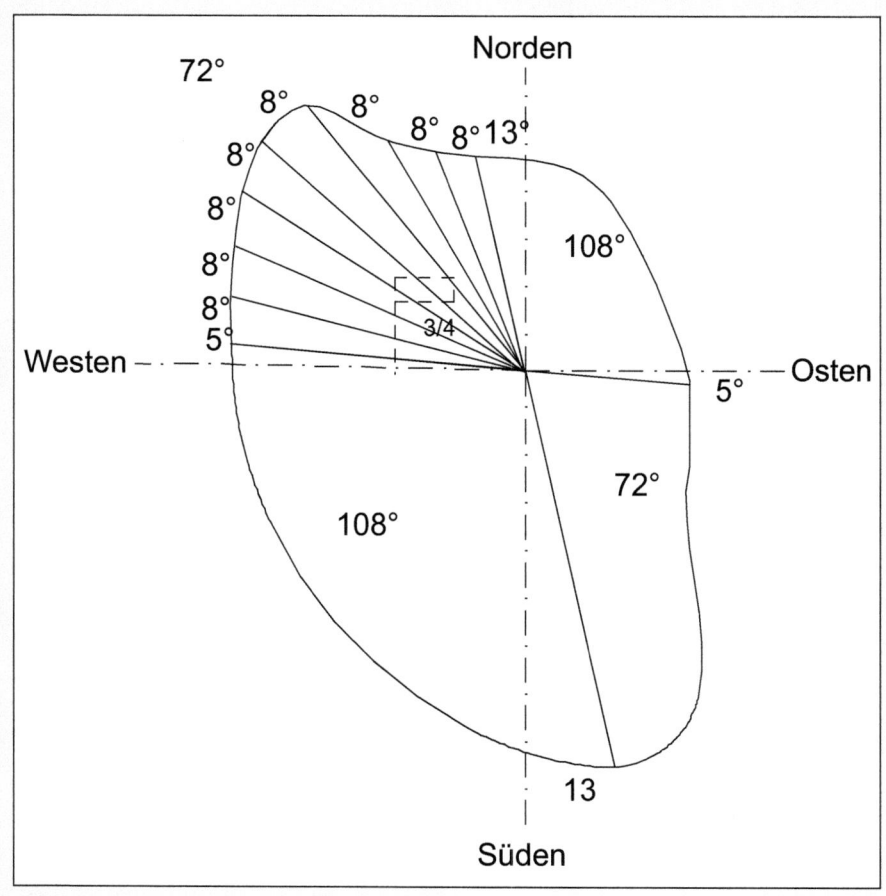

Abbildung 29: pythagoreische Tonstufe; IV

Straßennamen und Verhältnis

A.) Niedere-Obere Str. / Riet-Bickenstr. Quarte
F / Bb

B.) Niedere Str. / Rietstr. Quarte
Bb / Eb

C.) Rietstr. / Oberestr. Quarte
Eb / Ab

D.) Oberestr. / Bickenstr. Quarte
Ab Db

E.) Bickenstr. / Niederestr. Quarte

E1.) Db E Kleine Terz

E2.) Db F`` (2. Oktave zu A.) große Terz

E3.) Db Gb Quarte

1. Die kleine Terz Db/E ergibt sich, wenn man das Verhältnis Bickenstraße / Niederestraße bildet.

2. Das Verhältnis Db/F ergibt sich, wenn man die zuvor ermittelte Quarten mittelt.

3. Das Verhältnis Db/Gb ergibt eine Quarte.
Der Schluss ergibt danach 2 Oktaven F F``

Tabelle 2	Quartentöne – „Strassenlänge" / Intervalle nach Pythagoras (Jahr 1000)							
Nr.	Straßen- namen	Länge	E	Nr. V	Interva- lle	Verhält.	Abwei.	Bezeich.
1	Niedere & Obere Str.	596,2	m	2/1	0,741	≈ 0,75	0,988	Quarte
2	Riet. & Bickenstr.	441,96	m	3/2	0,870	≈ 0,89	0,979	gr. Ganzton
3	Niedere Str.	384,52	m	4/3	0,735	≈ 0,75	0,980	Quarte
4	Rietstraße	282,65	m	5/4	0,749	≈ 0,75	0,999	Quarte
5	Obere Str.	211,68	m	6/5	0,753	≈ 0,75	1,003	Quarte
6	Bickenstr.	159,31	m	6/3	0,414			
				Okta.	0,829	≈ 0,83	1,005	gr. Sekunde

Konsequenz

Wer als Leser offen ist für dieses Thema: Ein Wissenschaftler des Städtebaus oder der Architektur, der Archäologie, ein Bürger dieser Stadt, ein Hobbydenkmalschützer etc. Aus allen Bereichen ist es denkbar, dass Sie ein Kritiker sind und wenn Sie dieses Büchlein durchgelesen haben, könnten Sie zum Ergebnis kommen, dass das gesamte Werk sie intuitiv nicht überzeugt. Sie lehnen es ab und behaupten dieses Werk zu Villingen wäre überdehnt, oder irgend etwas anderes was Sie unbegründet behaupten. Wenn Sie das tun und Sie sind ein offener Mensch, dann schauen Sie die Rückseite dieses Büchleins nochmal an und machen sich „Ihre" Gedanken zur Stadtform. Erst dann, wenn Sie ihre eigenen offenen Gedanken zu dieser Stadtform, diesem Winkel von 72° gemacht haben können Sie sich ein objektives Urteil erlauben, wobei Ihnen die Vorderseite und der Buchinhalt weiter hilft.

Über 600 Jahre (Hug) haben sich Männer Gedanken zu dieser Entstehung der Stadt gemacht. Die höhere Denkmalschutzbehörde lässt zu, dass die Stadt sich auf der Grundlage einer Wachstumsstadt weiterentwickelt und diese Stadt damit schleichend zerstört wird. Es liegt am Ansatz. Wer eine halbe Motte als Entwicklungspunkt sieht, der führt die Stadt zu einem falschen baulichen Ergebnis, was man in der Stadt ablesen kann. Diese Entwicklung ist zu korrigieren.

Die Stadt unterliegt seit Jahrzehnten einem Ensembleschutz der die höhere Denkmalschutzbehörde zu überwachen hat. Gibt es aber dort falsche Grundlagen, so ist offensichtlich, dass sich dies negativ für Villingen und Ihr Wesen auswirkt. Die Möglichkeit diese Behörde anzuklagen wäre einfach. Doch wie sieht es mit den Villinger Bürgern aus. Haben sie ein Interesse sich für die Stadt einzusetzen. Genau hier liegt eines der Probleme und zwar die, dass sich die Obrigkeit nur aufgrund mehrfachen Bürgerstimmen korrigieren würde. Dies ist jedoch jetzt, aber auch in der Zukunft noch nicht erkennbar.

Nach rund 17 Jahren in denen ich mich städtebaulich wissenschaftlich und forschend mit der Stadt Villingen privat sachlich und fachlich, nach bestem Wissen und Können auseinandergesetzt habe, ist der gesamte bauliche und ideelle Inhalt dieser Stadt offengelegt. Jeder kann für sich klären, welche Zukunft er dieser Stadt eröffnet. Für mich ist es eine einmalige Idealstadt des Mittelalters die es zu erhalten gilt und entsprechend wieder aufzubauen, gleich der Frauenkirche in Dresden.

Das absolut Ideelle liegt in den in der Stadt ablesbaren schriftlichen und musikalischen Zahlen, mit der absolut einmaligen Quartenharmonie, mit den Straßenquarten und der Quinte im Zentrum, bezogen auf die Hauptstraßen und der Setzung des Münsterviertel mit den christlichen Zahlen.

Mancher Leser vermutet im Buch eine Wiederholung. Dies ist beabsichtigt, denn die Wiederholung führt zur Erkenntnisdichte.

Bertholdo

Sind die dargestellten Zahlen, Daten und Fakten zum Stadtgrundriss eindeutig, so sind die Erkenntnisse zu Bertholdo nur in einer gewissen Näherung möglich. Das eindrucksvollste findet man bei Althoff. Eine Zeitangabe ist jedoch exakt. Das Datum als er das Markt- Münz- und Zollrecht bekam für seinen Ort Villingen am Friedhof bekam. Es war das Jahr 999. Dieses Recht bekam er, als er den Gegen- Pabst für den Kaiser Otto stellvertretend absetzte und verstümmelte. Bertholdo muss ein Mann der Tat gewesen sein, denn weshalb verlagerte man seinen Ort Villingen am Friedhof, für den er nachweislich seine Rechte bekam, vom Friedhof rund einen Kilometer weiter auf das Brigachknie und baute dort eine neue Stadt. Das ist die Frage und diese kann nur beantwortet werden durch einen Mann der außergewöhnliche Fähigkeiten hatte. Als Bertholdo den Gegen-Pabst entmachtete war er vielleicht 25-30 Jahre alt. Sein mögliches Lebensalter mit rund 80 Jahren reichte dann bis in das Jahr 1050 nach Christus um den Grundstein für die Idealstadt Villingen zu legen. Laut Jenisch sind die ersten zuweisbaren Denare (Münzen, Münzrecht) aus Villingen um das Jahr 1030/1040 geprägt worden. Um eine neue Stadt zu erbauen, benötigt man als erstes Geld. Aufgrund dessen ist davon auszugehen, dass Bertholdo der Ideengeber für die neue Stadt war und er dafür sorgte, durch sein Münzrecht, dass eine neue Stadt entstehen konnte. Die Vermutung liegt deshalb nahe, dass Bertholdo auch einer lang angelegten Planung beteiligt war, insbesondere auch durch vielfältigste Beziehungen zu den höchsten und geistigen Ebenen des Reiches. Bertholdo gehört ins Zentrum der Stadt.

Ausblick

Die Abbildungen 13, 14, 15, 19, 20, 25, 26 und die Tabelle 1 + 2 sind der Urgrund der begründeten Theorie zu Villingen. Die weiteren Strukturpläne gelten als Ergänzung, Variation bzw. Improvisation zur Theorie zur grundlegenden Tonart der Quartenharmonik.

Ein besonderer Schutz als Weltkulturerbe würde die Stadt Villingen vor einer weiteren schleichenden Zerstörung schützen.

Dieses Buch wurde vorwiegend für die Villinger Bevölkerung verfasst. Es gilt aber auch für alle europäischen Städte. Es gilt vordergründig zu unterscheiden was eine gewachsene, eine geplante und eine ideale Stadt ist. Diese drei Kategorien muss man auch in ihren Mischformen erkennen.

Dies fällt den Fachleuten des Städtebaus, der Architektur nicht schwer, weil sie alles wissen. Die Hohepriester dieser Fachgebiete biedern sich den Herrschern und den Mächtigen an, um ihre Ziele durchzusetzen. Würden sie sich mehr mit dem deduktiven und räumlichen Zusammenhang auseinandersetzen und nicht nur um das Honorar feilschen, hätten die Städte eine weitaus höhere qualitative Ausprägung.

Eine gewachsene Stadt definiert sich damit, dass jedes Gebäude einzeln geplant und gebaut ist. Die sich ergebende innere Ordnung ist in Fraktalen und Bifurkationen abzulesen.

Eine geplante Stadt wird vorwiegend als Ganzes geplant. Die Struktur basiert in erster Linie auf der euklidischen Geometrie.

Eine ideale Stadt ist eine Planstadt mit einem inneren idealen Charakter (Geometrie, Zahlen, Musik, Christlich, Garten)

Grundkarte mit Systemlinien
(Quarte, Terz, Septime, Ganzton, etc.)

Die Idealstadt
Villingen
Musik und Zahl

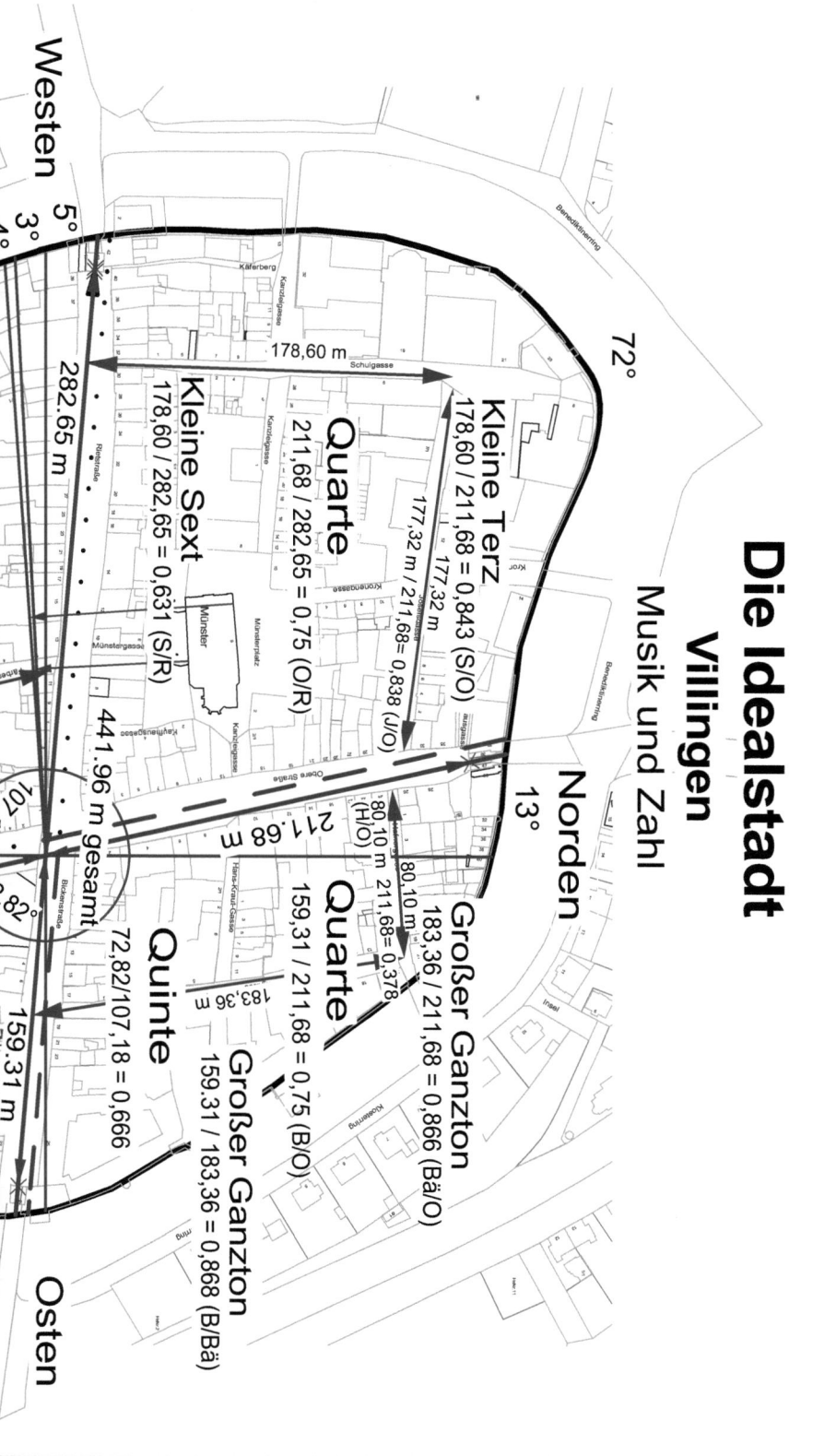

Grundkarte mit Winkeln
(Grundkarte mit Systemlinien im baulichen Zusammenhang)

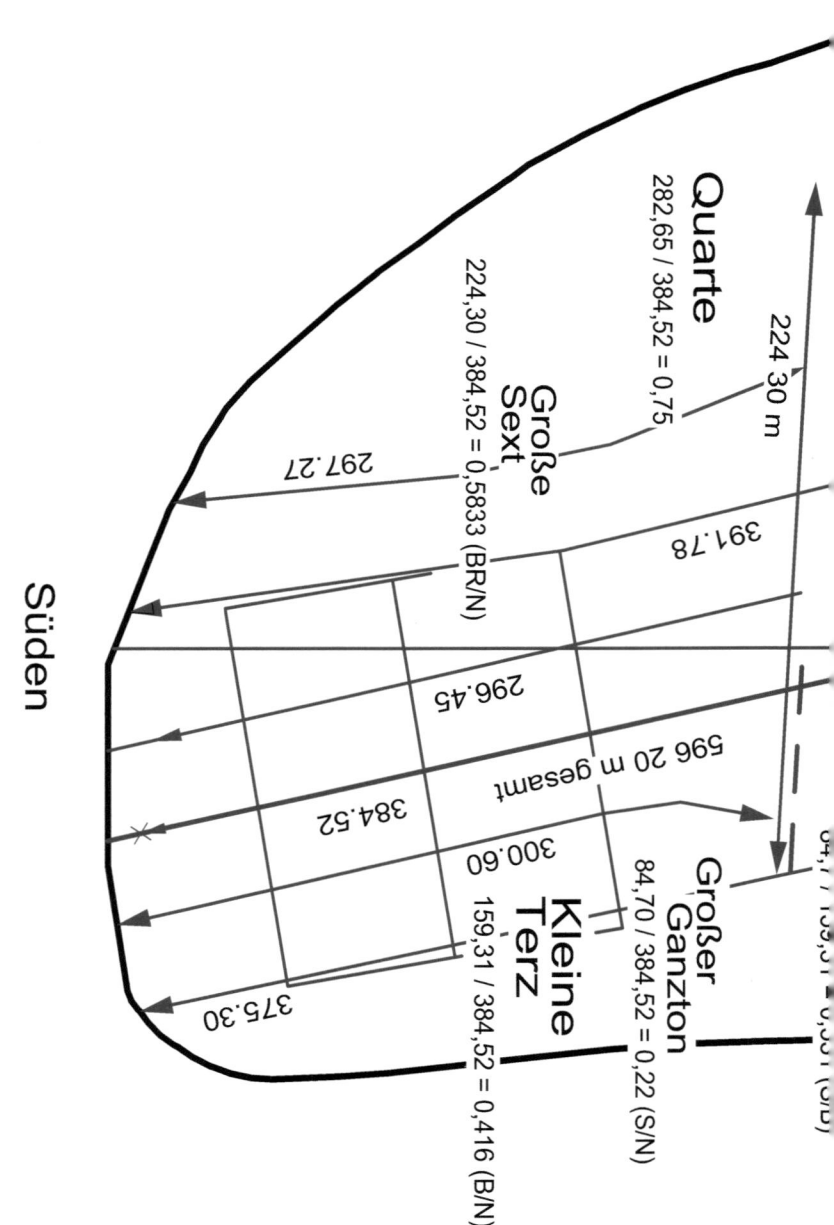

Die Idealstadt
Villingen
Musik und Zahl

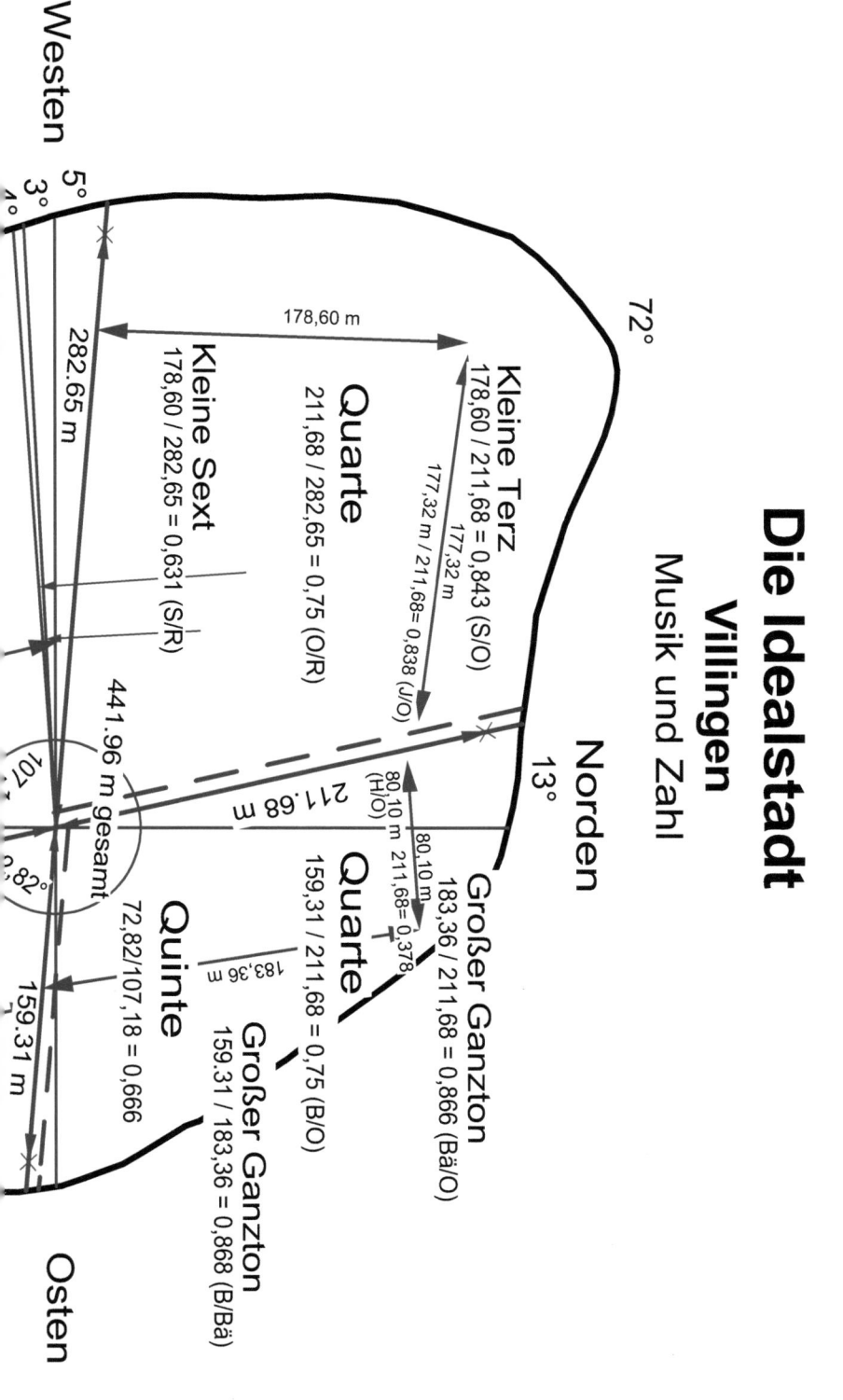

Vermutungen und Ergänzungen

Die Forschung zu Villingen ist noch nicht abgeschlossen. Aber für mich, denn weitere Forschungen können die dargelegten vorgenannten Fakten nicht wiederlegen!

Es gibt noch einzelne Elemente die der Forschung bedürfen, nach meiner Überzeugung aber nicht dafür reichen, das Vorgenannte in Frage zu stellen:

- Die Stadt ist angelegt in einer ein-fünftel Fläche dem Münsterviertel und drei weiteren Stadtvierteln, also insgesamt vier Stadtviertel. Daraus können musikalische 4/5 Bezüge abgeleitet werden oder christliche Zahlbezüge wie 4 zur Frau und 5 zu Jesus.
- Das Stadtzentrum wird strukturiert durch 2/3 einer Quinte (72/108). Damit ist die gesamte Stadt angelegt auf den elementaren musikalischen Bezügen 1/2 ; 2/3; 3/4 und 4/5.

Tabelle 3		Winkelberechnungen		
Villingen		Jerusalem		Differenz
8,45	Länge	35,21	Länge	26,75
48,05	Breite	31,76	Breite	16,29
				0,60
				0,69
			Ergebnis	39,95 Grad

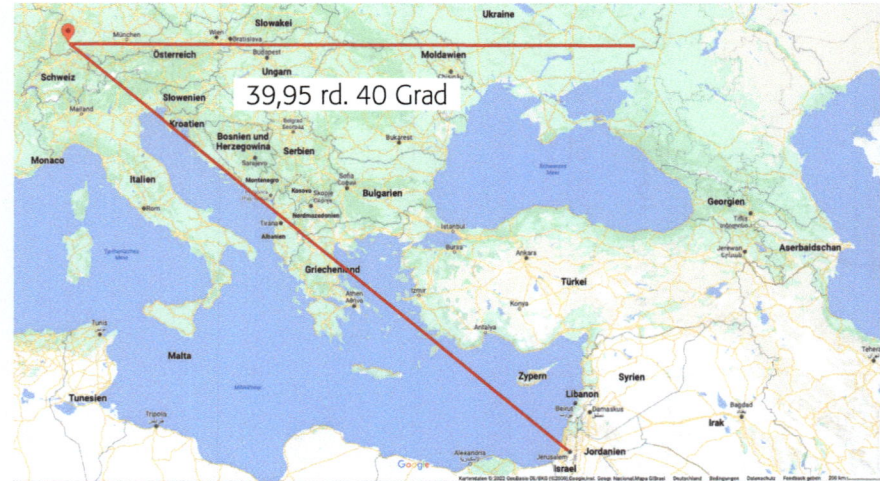

39,95 rd. 40 Grad

- Drei wesentliche Straßenfluchten führen einerseits von der Bickenstraße zum Gasthaus Löwen, von der Niederestraßenflucht zur Drogerie Butta und die Fluchten die sich ergeben an der Kreuzung Färber- Brunnenstraße. Dies ist geschuldet durch die verschiedenen Bauzeiten an den verschiedenen Stadttorten, also zunächst keine homogene Bebauung. Dadurch wurde wie so oft durch die Realisierung der Gebäude den exakten Vorgaben des Planes nicht gefolgt, der aber allerdings heute noch im Ganzen ableitbar ist.
- Das Zentrum der Stadt steht in unmittelbarem Zusammenhang mit dem hälftigen Abtrag der Motte am Keferberg. Die Zahl 40 ist wohl die bedeutendste positive christliche Zahl. Sie dient auch der menschlichen Eingebung und Besinnung. Der Nachweis der Zahl 40 müsste durch einen Astronomen mit den damaligen Möglichkeiten festgelegt werden. Solange gelten die unten genannten Fakten.
- Die amorphe Form der gewachsenen Stadt wurde nicht in allen Büchern thematisiert. Sie ist jedoch eines der wesentlichen Erkennungszeichen der gewachsenen Stadt neben anderen, und dient dazu die Plan- bzw. Idealstadt von der gewachsenen Stadt zu unterscheiden. Diese Differenzmethode führte letztendlich an 56 Städten (Urkundenstädten 817, Marktrechtsurkundenstädte, Zähringerstädte u.a.) mit einem Alter von rd. 1000 Jahren, als eines der wesentlichen Unterscheidungsmerkmale, zur Differenz einer gewachsenen Stadt (u.a. Schwenningen) und der Plan- und Idealstadt (Kernstadt) Villingen.
- Der Unterschied zwischen einer Plan- und gewachsenen Stadt ist eigentlich im Ansatz einfach ja sogar banal, lapidar. Werden die beiden Städte jeweils aber durch die gegenseitigen Grundtypen überformt wird die Komplexität erhöht.

» Planstadt

Eine vorhandene Baufläche für eine Stadt wird mit einer geometrisch klaren Form überplant, mit Grundstücken, Straßen, Gebäudeflächen, Grünflächen, Versorgung, Entsorgung u.v.m. Bei richtiger Planung werden die Baugrundstücke so vergeben wie die Bauherren sich dies wünschen. Die einen im Norden die anderen im Süden, bis es keine Optionen mehr gibt und das Baugebiet vollkommen bebaut bzw. vergeben ist. Dies kann sehr lange gehen (Bsp. Schilterhäusle). Die Qualität eines solchen Baugebiets kann man auf den Planer bzw. die Entscheidungsträger zurückführen. Je mehr Änderungen eintreten wird das Planungsgebiet durch Wachstumsprozesse überformt, so dass die eigentliche Planung nur schwer erkannt wird (s. Karlsruhe, aber auch Villingen in den Viertel). Diese entropische Erneuerung bezogen auf die Planstadt hat in einem temporären Prozess eine ungeheure Kraft, die es einzudämmen gilt.

» Gewachsene Stadt

Meist an einem Wegeknoten oder einem vielbefahrenen Weg rechnet sich jemand eine Chance aus. Es wird ein einzelnes Gebäude errichtet. Entlang der Wegestruktur (Newtonfraktal) errichtet man weitere Gebäude, bis es notwendig wird, die Gebäudeansammlung zu „verdichten". Hier beginnt ein eigenartiger Vorgang. Ähnlich einem Nervensystem werden von dem meist topografischen „ Newtonfraktal" menschliche Verzweigungs bzw. Verkehrssysteme (Bifurkationen) gebaut, an denen sich die Gebäude angliedern und ausrichten. Dieser Prozess geht dann über die Zeit in einem iterativen Prozess in der gewachsenen Stadt weiter, bis die Bevölkerung untergebracht ist. Dieser Prozess wird zwar durch die Fluchtliniengesetze und das Bauplanungsrecht eingedämmt, die Kraft der Änderung bleibt jedoch bestehen und die äußere amorphe Form bleibt trotz Änderung in sich bestehen und ist das wesentliche Erkennungszeichen zur Planstadt.

Diese Vermutungs- und Ergänzungselemente würden nach endgültiger Klärung die Informationsdichte der Stadt erhöhen, jedoch nicht wiederlegen. Die Chancen der einzelnen Stadttypen gilt es aufzuzeigen.

Urheberrechte

Das vorliegende Werk basiert auf § 51 Urheberrechtsgesetz (Zitatregel). Das vorliegende Werk ist ein einmaliges wissenschaftliches Werk bezogen auf den Städtebau und der Idealstadt Villingen. Dies betrifft vorwiegend auf die im Stadtgrundriss gefundenen christlichen und musikalischen Zahlen (Längen und Winkel u.a.), die in der Stadt durch den Verfasser entdeckt wurden. Die Interpretationen zu den Zahlen wurden dem Internet (Wikipedia u.a.) entnommen, wofür den Verfassern zu danken ist, auch die unten genannten Bilder. Das Buch wird nur eine lokale Verbreitung finden. Die Informationsdichte zum Schutz der Gesamtanlage und dem Wiederaufbau duldet keinen weiteren Aufschub der Veröffentlichung.

Bildnachweis

Die im Bildnachweis nicht genannten Pläne und Skizzen stammen vom Verfasser!

Literaturverzeichnis

[1] Stadtkulturerbe Villingen   Thomas Hettich
[2] Ästhetik der Kreuztürme   Thomas Hettich
[3] Idealstadt Villingen   Thomas Hettich
[4] Entdeckung der mittel-   Klaus Humpert
    alterlichen Stadtplanung   Martin Schenk
[5] Die Entstehung
    der Stadt Villingen   Bertram Jenisch
[6] vorwiegend Wikipedia u.a.
[7] Hintergrundbilder, Grundkarten   Vermessungsamt VS
[8] www.urtonraum.de / Stiftung   Thomas Hettich
[9] Stadtbildbeiträge   Frau Pflüger

Dies ist eine kleine Auswahl von Autoren zum Städtebau und zur Architektur. Mein Literaturverzeichnis zeigt jedoch die Verfasser hauptsächlich zur Stadt Villingen und zur gewachsenen Stadt (Villingen- Jenisch), zur Planstadt (Villingen- Humpert und Hettich) und zur Idealstadt (Hettich-Hettich). Weitere Autorennennungen würden sich erübrigen, da in diesen 5 Büchern, das wesentliche zum Wachstum, zur Planung und der Idealstadt Villingen aufgezeigt wurde. Wenn Sie den Entwicklungsprozess der Stadt kennen wollen, ist es sinnvoll diese Bücher (1-5) zusätzlich zu studieren.

• Stadtkulturerbe Villingen

Die ersten Überlegungen führten zur Frage, wie kann man „Beweisen", dass Villingen eine geplante und Schwenningen eine gewachsene Stadt ist. Die grundlegende Idee war, dass die in der Urkunde von St. Gallen aufgeführten Städte (Mansen) formale Differenzen aufzeigen mussten. Dies war der erste wissenschaftliche Ansatz, im Unterschied zwischen Wachstums- und Plan- bzw. Idealstadt.

• Die Ästhetik der Kreuztürme

Wenn Villingen geplant, auf einer ideellen Grundlage entstanden war, dann müssten die Türme eine entsprechende Stellung haben. Die Differenz zwischen einem Wehrturm und einem ästhetischen, einem gesamtstädtischen Turm, war Grundlage dieses Buches.

• Die Idealstadt Villingen

Die Beweiskraft aus dem Buch Stadtkulturerbe Villingen wurde veri-
fiziert, durch die Anzahl der untersuchten Städte. Waren es zunächst
26 Mansen die zu Dörfern und Städten wuchsen, so ergaben sich
durch die neuen Untersuchungen 56 Stadtgeometrien die zum gleichen Ergebnis führten. Planlinealmessungen Lineal ergaben Quarten
als Straßenverhältnissen.

• Die Theorie zur Idealstadt Villingen; Eine Beweisführung

Die Straßenlängen und Winkel wurden mittels EDV-Verifikationen bewiesen, woraus sich die musikalischen und christlichen Zahlbezüge
ergaben. Das Jahr 1000 ist im Zusammenhang mit dem Johannesoffenbarung zu sehen, in dem der Satan wieder aufersteht.

Die vier Bücher stehen für einen längeren Forschungsprozeß, um die
Stadt als Idealstadt des Mittelalters zu entdecken. Notwendig dafür war,
das man sich in die damaligen gesellschaftlichen und kulturellen Zusam-
menhängen (Kaiser) reindenkt und nachvollzieht.

Nachfolgende Autoren halfen, das Geheimnis der Stadt zu entschlüs-
seln. Neben den in der Schrift genannten sind folgende wichtig: Johann
Nepumuk Hässler, Vitruv, Heinrich Maulhardt. Thomas Zotz, Barbara Zi-
bell, Regierungspräsidium Stuttgart, Mies van der Rohe, Le Corbusier
u.v.a.